Ivan Krastev

Est-ce déjà demain ?

Traduit de l'anglais par
Frédéric Joly et Amélie Petit

Premier Parallèle

Du même auteur

L'Âge de la Régression (collectif)
Premier Parallèle, 2017

Le Destin de l'Europe
Premier Parallèle, 2017

Le Moment illibéral (avec Stephen Holmes)
Fayard, 2019

978-2-85061-054-7

À Boris, Lilli et Svetoslav Bojilov,
et à ma famille – Yoto, Niya et Dessy,
avec lesquels nous avons passé
plusieurs semaines de quarantaine inoubliables,
à réfléchir ensemble à la crise sanitaire
qui était en train de se dérouler sous nos yeux.

Le Cygne gris

J'imagine que ça vous est arrivé aussi, à un moment ou à un autre. Cet instant où vous vous dites que vous vivez dans une de ces dystopies qui imprègnent l'imaginaire collectif. Ce sentiment qu'un Big Brother vous observe, ou que vous êtes coincé dans Matrix.

Un jour de mars 2020, au cours de ma deuxième semaine de confinement, un ami m'a envoyé un diagramme amusant. Douze cercles se chevauchaient, chacun représentant une dystopie populaire. On y retrouvait les plus célèbres : *1984*, *Le Meilleur des mondes*, *La Servante écarlate*, *Orange mécanique* et *Sa Majesté des mouches*. À l'intersection de tous ces cercles, il était écrit : « Vous êtes ici. » Et c'est en effet « ici » que nous nous retrouvons – traversés simultanément par tous ces cauchemars. « Au milieu du chemin de notre vie », écrit Dante dans *La Divine Comédie*, « je me retrouvai par une forêt obscure, car la vie droite était perdue[1] ».

« La première chose que la peste apporta à nos concitoyens fut l'exil[2] », relève le narrateur de *La Peste*, de Camus, et nous saisissons bien, aujourd'hui, ce qu'il entendait par là. Une société en quarantaine est littéralement une « société fermée ». Les gens n'y travaillent plus, n'y voient plus ni leurs amis ni leurs proches, ne s'y déplacent plus ; ils mettent leur vie en suspens.

La seule chose que nous ne pouvons pas nous empêcher de faire, c'est de parler de ce virus qui menace de changer, pour toujours, notre monde. Enfermés chez nous, nous voici en proie à la peur, à l'ennui et à la paranoïa.

---

1. Dante, *L'Enfer* in *La Divine Comédie*, trad. Jacqueline Risset, Flammarion, coll. « GF »,1992, p. 25.
2. Albert Camus, *La Peste*, Gallimard, coll. « Folio », 1977 [1947], p. 71.

Nos gouvernements surveillent attentivement, avec plus ou moins de bienveillance, nos allées et venues et qui nous croisons, bien déterminés à nous protéger de notre propre imprudence et de celle de nos concitoyens. Celui qui s'aventure dehors sans raison valable risque une amende, si ce n'est la prison, et le fait d'entrer en relation avec autrui menace notre existence même. Toucher quelqu'un qui n'a pas sollicité ce contact s'apparente à une trahison. Camus observait que la peste efface le caractère unique de chaque vie humaine pour accroître la conscience que chacun nourrit de sa propre vulnérabilité et de son impuissance à se projeter dans l'avenir. Après une épidémie, ceux qui restent sont des survivants.

Mais combien de temps le souvenir de cette expérience sociale sans précédent durera-t-il ? Se pourrait-il que, dans quelques années, nous nous souvenions simplement du Covid-19 comme d'une sorte d'hallucination collective provoquée par « un manque d'espace compensé par un surplus de temps », pour citer le poète Joseph Brodsky décrivant l'existence d'un prisonnier ?

Il s'avère que la pandémie de Covid-19 est un événement du type « cygne gris » – un événement susceptible de faire basculer le monde, hautement probable et pourtant extrêmement traumatisant au moment où il se produit. En 2004, le National Intelligence Council américain annonçait que « la survenue d'une nouvelle pandémie, comparable à la grippe espagnole de 1918-1919, qui fit autour de vingt millions de victimes dans le monde, n'était qu'une affaire de temps » et qu'elle pourrait « mettre un terme aux voyages et aux échanges internationaux pendant une longue période, obligeant les gouvernements à débloquer des fonds considérables afin de venir en aide au secteur de la santé publique submergé[1] ». Dans un TED Talk de 2015, Bill Gates ne se contentait pas de prédire une pandémie mondiale causée par un virus hautement infectieux ; il nous mettait également en garde contre notre impréparation. Les blockbusters hollywoodiens n'ont pas manqué, eux non plus, de nous avertir à leur manière.

1. Le nombre total des victimes de la grippe espagnole varie significativement selon les sources.

Mais ce n'est pas un hasard si l'on ne voit aucun cygne gris dans *Le Lac des cygnes :* ils sont un exemple typique de ce que l'on peut prédire sans parvenir à le concevoir.

Bien que les grandes épidémies ne soient en fait pas si rares, il se trouve qu'elles nous surprennent toujours. Comme les guerres et les révolutions, elles remettent les compteurs à zéro – bien que les guerres et les révolutions marquent, d'une certaine manière, notre mémoire collective d'un sceau différent. Dans son merveilleux livre *La Grande Tueuse*, l'écrivaine et journaliste scientifique britannique Laura Spinney montre que la grippe espagnole, l'événement le plus tragique du XXe siècle, est aujourd'hui largement oubliée. Il y a un siècle, cette pandémie contamina un tiers de la population mondiale, soit 500 millions de personnes. Entre les premiers cas enregistrés, le 4 mars 1918, et les derniers, fin mars 1920, elle fit entre 50 et 100 millions de victimes. En termes de pertes humaines dues à un seul et unique événement, ces chiffres sont bien supérieurs à ceux de la Première et de la Seconde Guerre mondiale (respectivement 17 et 60 millions de morts) ; ce virus pourrait bien avoir tué autant que les deux guerres réunies. Pourtant, comme l'écrit Spinney, « nul ne cite la grippe espagnole lorsqu'on pose la question : "quel a été le plus grand désastre du XXe siècle ?"[1] ». Plus surprenant, les historiens eux-mêmes semblent avoir oublié l'épidémie. En 2017, WorldCat, la plus grande base de données bibliographiques du monde, recensait environ 80 000 livres portant sur la Première Guerre mondiale (dans plus de quarante langues) et à peine 400 sur la grippe espagnole (cinq langues étaient concernées). Comment est-il possible qu'une épidémie qui fit au moins cinq fois plus de morts que la Première Guerre mondiale ait fait l'objet de deux cents fois moins de livres ? Pourquoi nous rappelons-nous les guerres et les révolutions alors que les pandémies, que nous oublions, ont tout aussi profondément modifié nos économies, notre vie politique et nos sociétés, jusqu'à notre architecture urbaine ?

---

1. Laura Spinney, *La Grande Tueuse. Comment la grippe espagnole a changé le monde*, trad. Patrizia Sirignano, Albin Michel, 2018.

À en croire Spinney, le fait qu'il soit plus aisé de compter les décès par balle que les victimes d'un virus est un élément central de réponse. Et la controverse qui fait rage autour du taux de mortalité du Covid-19 semble conforter cette thèse. L'autre raison, plus fondamentale, est qu'il est difficile de faire une belle histoire d'une pandémie. En 2015, les psychologues Henry Roediger et Magdalena Abel, de la Washington University, dans le Missouri, avançaient que nous sommes enclins, quelle que soit la situation, à n'en retenir qu'« un petit nombre d'événements marquants », en l'occurrence « ceux qui ont trait à son point de départ, aux retournements de situation et à sa fin »[1]. Il est très difficile de raconter l'histoire de la grippe espagnole (et d'ailleurs de n'importe quelle autre épidémie) à l'aide d'une structure narrative de ce type ; les épidémies sont comme des orphelines : nous ne pouvons jamais être entièrement sûrs de leur origine ; elles ont aussi quelque chose des séries Netflix : la fin d'une saison n'est jamais qu'une pause avant la sui-

1. Cités in *Ibid.*

vante. L'épidémie est à la guerre ce que la littérature moderne est au roman classique : il manque une intrigue claire.

Notre incapacité, ou peut-être notre réticence, à nous souvenir des épidémies a sans doute à voir avec notre aversion viscérale pour la mort, la souffrance et leur caractère aléatoire. L'absence de signification de la douleur arbitraire est difficile à supporter ; si les victimes de l'épidémie actuelle ont un destin tragique, ce n'est pas seulement parce qu'elles finissent par suffoquer, mais parce que nul ne peut expliquer le sens de leur mort. Une déclaration de guerre s'accompagne toujours de la promesse d'une victoire héroïque. Dans les grands récits patriotiques, les soldats ne meurent pas, ils se sacrifient. L'histoire des guerres est celle de gens ordinaires montrant un courage exceptionnel en sacrifiant leur vie pour sauver celles des autres. Le philosophe William James disait de la guerre qu'elle était « la sanglante nourrice qui dressait les sociétés à la cohésion ». Dans le cas d'un fléau, la solidarité n'a rien d'héroïque. En conséquence, la seule manière de se souvenir des fléaux consiste à les

« mémorialiser » comme des guerres. On trouve à Vienne, sur le Graben, une « colonne de la peste ». Il existe ailleurs d'autres monuments de ce type. De façon très évocatrice, ils sont souvent présentés comme des « monuments célébrant la victoire de l'homme sur la peste ».

Le combat planétaire contre le Covid-19 n'est pas un combat à la vie à la mort ; pour citer le scientifique italien Carlo Rovelli, « la mort finit toujours par gagner ; nous sommes mortels. Si nous fournissons un effort collectif, c'est pour que les uns et les autres disposent de plus de temps – car cette vie si brève, malgré les souffrances et les épreuves, nous paraît plus belle que jamais[1] ».

Ce n'est pas seulement que le Covid-19 est à l'origine de décès dépourvus de signification. C'est aussi qu'il cause des morts indignes. Dans tous les témoignages parvenus jusqu'à nous des périodes de peste, c'est l'absence de funérailles dignes de ce nom qui, pour les chroniqueurs

---

1. Carlo Rovelli, « Coronavirus, a lezione di umiltà: siamo fragili ne usciremo uniti », *Corriere della Sera*, 1er avril 2020.

de ces épisodes, venait souligner douloureusement la tragédie à l'œuvre. C'est aussi ce qui se passe aujourd'hui. La peur d'être infecté a poussé beaucoup de gens à ne pas assister aux enterrements de parents proches, et, dans bien des cas, des funérailles n'ont pas même été organisées.

Nous ne savons pas, faute d'indices suffisants, quand la pandémie de Covid-19 se terminera, et pas davantage *comment* elle se terminera. S'il devait en être comme de la grippe espagnole, alors la pandémie n'a même pas encore commencé et nous nous situons, pour ainsi dire, au début de l'été 1918. Si tel était le cas, le plus grave – en termes de bilans humains comme de chocs sociaux – resterait à venir.

Pour l'instant, nous ne pouvons que spéculer sur ses conséquences politiques et économiques à long terme. Les historiens sont formels : « Une véritable épidémie est un événement, non une tendance[1] » ; comme l'écrit l'historien de la

1. Charles Rosenberg, *Explaining Epidemics*, Cambridge University Press, 1992, p. 279.

médecine Charles Rosenberg, « les épidémies commencent à un moment précis, elles se déroulent dans un espace et sur une période limités, elles suivent un scénario bien précis, fait d'une tension croissante, révélatrice, et elles se transforment en crise individuelle et collective, avant de s'atténuer jusqu'à disparaître[1] ». Cela étant posé, ce petit livre postule que le Covid-19 *va profondément changer le monde dans lequel nous vivons*, et cela indépendamment de la question de savoir si nous nous rappellerons plus tard cette période. Le monde sera transformé, non pas parce que nos sociétés veulent changer ou parce qu'émerge un consensus quant à la direction à emprunter, mais parce que nous ne pouvons pas revenir en arrière.

Il y a un siècle, la grippe espagnole faisait irruption dans un monde déchiré, épuisé et démoralisé par la Grande Guerre. Comme l'aurait d'ailleurs fait une guerre, elle frappa prioritairement les adultes en pleine santé, qui avaient entre 20 et 40 ans. L'épidémie fut un événement mondial, mais ce n'est pas de cette

---

1. *Ibid.*

façon que nous nous en souvenons : l'idée d'un monde commun s'était effondrée au cours des longues années de conflit. La pandémie de Covid-19 promet de mettre un terme à la mondialisation telle que nous la connaissons. Ses conséquences seront-elles comparables à celles d'une guerre ? Nous ne pouvons que spéculer à ce sujet. Mais nous pouvons être sûrs qu'une fois le virus vaincu, le monde sera emporté par une « épidémie de nostalgie », quels que soient les événements qui suivront.

Au XVIIe siècle, la nostalgie était considérée comme une maladie curable, mais contagieuse. Le premier de ses symptômes, la mélancolie, était censé résulter soit d'un mal du pays, soit d'un mal d'une époque. Ceux qui en étaient atteints se plaignaient souvent d'entendre des voix et de voir des fantômes. Leur visage devenait « hagard et sans vie » ; ils devenaient « indifférents à toute chose », confondant le passé et le présent, les événements réels et imaginaires[1]. Une fois la pandémie derrière nous,

1. Svetlana Boym, *The Svetlana Boym Reader*, Bloomsbury Publishing USA, 2018, p. 217.

nous éprouverons une vive nostalgie pour le temps d'avant, ce temps où il suffisait de monter dans un avion pour se rendre à peu près n'importe où dans le monde ; ce temps où les restaurants étaient pleins ; ce temps où la mort semblait si peu naturelle que lorsqu'elle emportait une personne âgée, nous suspections une erreur médicale. Alors que les gens s'empresseront de retrouver un quotidien normal, ils ne tarderont pas à comprendre que cela est impossible. Il y a aussi quelque chose de perturbant dans le monde d'hier. La différence entre le passé et le présent, c'est que si nous ne pouvons jamais connaître l'avenir du présent, nous avons déjà vécu l'avenir du passé. Et nous savons que l'avenir d'hier, c'est la pandémie de Covid-19 que nous traversons aujourd'hui.

Déjà vu, encore et encore

Au cours des dix dernières années, nous n'avons cessé d'entendre que le monde serait à tout jamais changé ; non seulement après le 11-Septembre, mais aussi après la Grande Récession des années 2008-2009 et, en Europe, suite à la crise des réfugiés de 2015. L'affirmation selon laquelle le monde « ne sera plus jamais le même » ne relève, en un sens, que de la prédiction : on prédit que beaucoup de choses sont sur le point de changer, mais, comme nous le savons, les choses changent en permanence. Cette affirmation, cependant, signifie aussi quelque chose de bien plus concret, à savoir la fin du monde libéral né de la chute du Mur de Berlin, un monde caractérisé par la diffusion mondiale de la démocratie et du capitalisme et modelé par le pouvoir et la volonté de l'Amérique et de ses alliés européens. Au cours de toutes les crises passées, des prophètes ont assuré que l'ordre libéral était mort. Il est vrai qu'à certains moments, il a semblé être en soins intensifs, mais il est toujours parvenu à se refaire une santé – et pourquoi en serait-il autrement aujourd'hui ?

À la mi-mars 2020, profondément troublé par la propagation de la pandémie et installé à l'abri dans la maison d'un ami, quelque part dans la campagne bulgare, je me suis mis à me demander comment le Covid-19 allait changer le monde. Je voyais le monde post-coronavirus comme un monde où certaines tendances et certains conflits qui lui préexistaient seraient intensifiés ; en ce sens, le virus me paraissait davantage agir comme un amplificateur que comme un perturbateur. Il me semblait que le Covid-19 mettrait fin à une décennie de troubles liés à l'étiolement de la mondialisation, et qu'il opérerait de profonds changements dans notre vie politique, nos économies et nos modes de vie. J'anticipais le retour de l'État, étayé par un renouvellement de la confiance en l'expertise et le savoir scientifique. Je pressentais également la montée du nationalisme et le brouillage des frontières entre la démocratie et un autoritarisme s'appuyant sur l'usage des « Big Data ». Comme beaucoup d'autres, je m'attendais au déclin de la domination mondiale américaine (sans pour autant annoncer un essor simultané de l'influence chinoise à l'échelle du globe). Le coronavirus allait, me semblait-il alors, mettre au défi quelques-uns des postulats fondamentaux sur lesquels avait été fondée l'Union européenne, prélude à une potentielle transformation majeure du projet européen. Si les choses se passaient mal, le Covid-19 pourrait mener à la désintégration de l'Union européenne[1]. Mais quel était le degré de précision de mes premières réflexions ?

Le grand penseur russe du XIXe siècle Alexandre Herzen considérait que « l'histoire n'a pas de "livret" », et c'est un sentiment que j'ai toujours partagé. Alors que je m'attachais à discerner les changements susceptibles d'être induits par le Covid-19, ces lignes de Stephen Leacock, tirées de ses *Nonsense Novels* (ses « Histoires absurdes »), me revinrent en mémoire : « Lord Ronald ne dit rien ; il se précipita hors de la pièce, se rua sur son cheval, et galopa furieusement en tous sens. » J'étais convaincu que le monde aller changer, mais je ne pensais pas que le sens de ces changements était prédéterminé. J'étais en revanche certain que la fiabilité de nos prédictions était encore inférieure à celle des tests rendus disponibles aux premiers jours de la pandémie.

1. Ivan Krastev, « Seven early lessons from the coronavirus », *ECFR*, 18 mars 2020.

Cherchant à deviner le sens du changement, comme de nombreux autres commentateurs, je m'inquiétais de savoir qui, des démocraties ou des régimes autoritaires, maîtrisait le mieux la pandémie, alors même qu'il était clair que la nature du régime politique n'était pas ici le facteur central permettant d'expliquer leur succès ou leur échec à la maîtriser. Comme l'universitaire américaine Rachel Kleinfeld a pu l'écrire, « si les hommes et les femmes politiques ont tenté d'utiliser la crise pour vanter tel ou tel modèle politique, les données n'ont pas, jusqu'à présent, montré de corrélation forte entre l'efficacité des mesures prises et le régime politique concerné[1] ». Si des autocraties comme Singapour s'en sont au départ bien sorties, d'autres, comme l'Iran, s'en sont très mal tirées. De la même manière, certaines démocraties comme l'Italie et les États-Unis ont trébuché là où d'autres, parmi lesquelles la Corée du Sud, l'Allemagne et Taïwan, ont tiré

1. Rachel Kleinfeld, « Do Authoritarian or Democratic Countries Handle Pandemics Better? », *CEIP*, 31 mars 2020.

leur épingle du jeu. Les analyses de Kleinfeld laissent penser que les principaux facteurs déterminant l'efficacité des mesures prises contre le Covid-19 sont l'expérience de crises similaires, le niveau de confiance des populations en leur gouvernement et la capacité à agir de l'État. À en croire Kleinfeld, Taïwan, la Corée du Sud, Hong Kong et Singapour, malgré tout ce qui les distingue sur le plan politique, avaient su tirer les justes leçons de l'épidémie de SRAS des années 2002-2003 ; ces pays ont ainsi développé des tests de diagnostic rapides très peu de temps après que le coronavirus eut commencé à se diffuser, dans l'espoir de prendre de l'avance sur lui. Ces trois pays disposaient de législations d'urgence autorisant le suivi des individus contaminés, afin de connaître leurs déplacements, et ont assoupli les règles relatives à la protection de la vie privée pour pouvoir diffuser largement ces informations et alerter ceux qui, ayant été exposés au virus, devaient être testés. Enfin, ils se sont appuyés sur l'imposition de quarantaines strictes pour ralentir la diffusion de l'épidémie.

Tous les pays qui sont parvenus à tenir le virus à distance bénéficient d'un niveau de confiance élevé dans leurs institutions : le succès du contrôle social gouvernemental y dépend plus de l'acquiescement de la population que de la sévérité de sa mise en œuvre. Même si la Chine, Singapour et la Corée du Sud ont des régimes politiques sensiblement différents, tous les trois figurent parmi les dix pays dont le gouvernement jouit de la plus grande confiance. Et seuls les gouvernements disposant de la confiance des citoyens peuvent maintenir efficacement un confinement douloureux.

À l'inverse, en Iran – pays autoritaire – et en Italie – pays démocratique –, le fait que la population ait peu confiance en ses institutions a rendu la distanciation sociale plus délicate à imposer. C'est également la polarisation politique et une faible confiance des populations en leurs institutions qui, d'après Kleinfeld, expliquent au moins en partie les difficultés des États-Unis à surmonter la crise.

La capacité d'agir d'un gouvernement – son aptitude à intervenir avec succès dans des domaines allant de la communication et de l'approvisionnement en matériels médicaux au maintien de la quarantaine et à la fabrication d'équipements – est le troisième des facteurs dont Kleinfeld pense qu'ils ont été déterminants. Cette capacité n'est que faiblement liée au PIB d'un pays ou à la nature de son régime politique. C'est ici la qualité de l'administration qui est décisive, plus que le poids du budget de l'État ou même l'importance des sommes allouées au secteur de la santé.

Ce que les recherches de Kleinfeld démontrent, c'est que malgré l'intensification de la compétition idéologique entre systèmes autoritaires et démocratiques, les réponses apportées au coronavirus à l'échelle mondiale ont brouillé les frontières entre les différents types de régimes. Les régimes démocratiques se sont montrés tout aussi disposés à violer la vie privée de leurs citoyens que les pays autoritaires. Et il est clair que les dirigeants autoritaires se sont tout autant intéressés aux réactions de la population que des hommes et femmes politiques soucieux de leur future réélection.

Pour citer le philosophe David Runciman, « lors d'un confinement, les démocraties révèlent ce qu'elles ont en commun avec les autres régimes politiques : avec elles aussi, la politique est, en dernier recours, affaire d'ordre et de pouvoir[1] ». Autrement dit, les changements liés au Covid-19 ne sont pas une nouvelle version – qu'elle soit autoritaire ou démocratique – de « la fin de l'histoire » ; ce à quoi ils risquent fort d'aboutir, c'est à un monde moins idéologique, mais plus instable.

Soyez réalistes : demandez l'impossible

Il y a des moments où nos certitudes s'effondrent et où ce que nous jugeons collectivement possible change radicalement. Les gens commencent à ignorer le présent pour penser à l'avenir, qu'ils soient mus par la peur ou par l'espoir.

---

1. David Runciman, « Coronavirus has not suspended politics – it has revealed the nature of power », *Guardian*, 27 mars 2020.

Il aura fallu un virus pour mettre le monde à l'envers : tandis que j'écris ces lignes, l'Union européenne semble plongée dans une léthargie temporaire et les citoyens recherchent la protection de l'État national ; la démocratie, elle, doit patienter : des lois d'urgence sont introduites dans la plupart des pays européens, les parlementaires sont renvoyés chez eux, les manifestations interdites, les élections reportées, les partis d'opposition perdent de leur pertinence politique. C'est aussi un monde où le capitalisme est suspendu, avec un taux de chômage stratosphérique et une économie mondiale aux prises avec une crise bien plus dévastatrice que la Grande Récession des années 2008-2009. L'« ingérence » de l'État dans les marchés n'a jamais été aussi grande depuis 1989, et les nationalisations temporaires sont devenues la « nouvelle norme ».

Assiégés par quelque chose que nous jugions jusqu'alors inconcevable, nous sommes aujourd'hui en mesure de tout imaginer. Les États-Unis pourraient mettre en place une couverture maladie universelle, la Chine détrôner les États-Unis pour devenir la principale puissance mondiale, le président russe Vladimir Poutine perdre le pouvoir, l'Union européenne s'effondrer ou devenir une sorte d'« États-Unis d'Europe. » Tandis que les avions restent cloués au sol et que les grands pollueurs ont fermé leurs chaînes de production, les militants écologistes commencent à croire en leurs rêves d'un monde à faibles émissions de carbone. Alors que les frontières entre les différents pays de l'Union européenne sont fermées, les populistes de droite commencent à se dire qu'elles pourraient bien ne jamais rouvrir.

Comme l'avance la réalisatrice et militante américano-canadienne Astra Taylor, la « réponse à la pandémie de coronavirus a révélé une vérité toute simple : toutes ces politiques dont nos élus nous disaient qu'elles étaient impossibles et impraticables étaient parfaitement possibles et praticables depuis le début… Nous savons désormais que les "règles" sous lesquelles nous avons vécu n'avaient rien d'inéluctable… Une opportunité sans précédent s'offre à nous : celle de ne pas se contenter d'appuyer sur le bouton pause pour soulager temporairement la souffrance, mais de changer définitivement les règles du jeu[1] ».

Une opportunité, certes, mais aussi un très grand risque.

Que « les hommes soient gouvernés par… la faiblesse de leur imagination[2] » n'est plus un secret pour personne. Si la crise sanitaire a libéré l'imagination politique de l'opinion publique, elle a paradoxalement paralysé celle des élites. Certes, les gouvernements se sont sentis obligés de mettre en œuvre une série de politiques exceptionnelles, mais ils continuent de gouverner dans l'idée que le monde redeviendra, une fois celle-ci terminée, tel qu'il était avant la crise.

1. Astra Taylor, « The Rules We've Lived by Won't All Apply », *in* « Coronavirus Will Change the World Permanently. Here's How », *Politico*, 19 mars 2020.

2. Walter Bagehot, *The English Constitution*, éd. Paul Smith, Cambridge University Press, 2001, p. 34.

Le retour des anciennes grilles de lecture

La politique n'a rien à voir avec l'art. En art, « la perception commune tue », comme l'écrivait Victor Chklovski, le théoricien de la littérature russe du XXe siècle. « Elle dévore les œuvres, les vêtements, les meubles, votre femme et la crainte de la guerre. » Chklovski pensait qu'une œuvre d'art possédait le pouvoir de rendre le familier insolite, qu'elle pouvait nous contraindre à regarder les choses les plus communes avec un regard neuf. La politique fonctionne à l'inverse : elle nous pousse à considérer l'inconnu comme s'il nous était familier. L'art rend le « normal » excitant quand la politique banalise l'exceptionnel.

Dans ces conditions, le Covid-19 impose aux hommes et aux femmes politiques de se défaire de leurs *modus operandi* habituels. Afin de mobiliser l'opinion publique, ils se voient obligés de souligner le caractère sans précédent de la crise sanitaire, y compris dans les pays (relativement) épargnés par le virus (comme le mien, la Bulgarie). Dans le même temps, afin de convaincre les populations que la politique est capable d'apporter une réponse à la crise dans toutes ses dimensions, les gouvernements européens ont tendance à présenter le Covid-19 comme une sorte de retour simultané des trois précédentes crises qui ont ébranlé le vieux continent ces dix dernières années : le terrorisme, la crise financière et la crise migratoire.

En déclarant que le virus était un « ennemi invisible » et en ayant recours à des technologies de surveillance jusqu'alors utilisées pour traquer les terroristes, les gouvernements ont instillé le sentiment que le coronavirus constituait une nouvelle forme de terrorisme. De la même manière, la fermeture des frontières entre les États membres de l'Union européenne a rappelé la crise des réfugiés de 2015 et réveillé la peur que le nationalisme ethnique se propage. À l'heure où la pandémie renforce l'État national, il est à craindre que les dirigeants politiques échouent à identifier la singularité du nationalisme suscité par la crise actuelle.

Enfin, le débat qui fait rage en Europe autour des « coronabonds » laisse accroire que nous assisterions aujourd'hui à une crise financière similaire à la Grande Récession des années 2008-2009. Même si les conséquences économiques de la crise sanitaire évoquent à maints égards cette grande récession, les économistes s'accordent pour considérer que la crise que nous traversons n'est pas seulement plus profonde, mais aussi fondamentalement différente de la précédente. La pandémie de Covid-19 a perturbé la chaîne d'approvisionnement mondiale et provoqué une crise de l'offre et de la demande qui ne saura mener qu'à plus de chômage. L'historien britannique de l'économie Adam Tooze l'a montré : « Nous n'avons jamais connu un tel atterrissage forcé. Il y a quelque chose de nouveau sous le soleil. Et c'est effrayant. » De la même manière, la réaction des citoyens aux restrictions de leurs libertés publiques décidées par leurs gouvernements respectifs dans ce contexte de crise sanitaire diffère significativement de la réaction qui avait été la leur à l'époque de la « guerre contre la terreur ». Quant au nationalisme réveillé par le Covid-19, il se révèle profondément différent du nationalisme ethnique que la crise migratoire avait suscité. Pourtant, mus par cet instinct consistant à affronter l'incertitude en rendant familier ce qui ne l'est pas, les hommes et femmes politiques préfèrent fermer les yeux sur le caractère inédit de la crise. Ce faisant, ils ignorent le risque suivant : traiter cette crise comme une simple récession supplémentaire reviendrait à raviver les divisions douloureuses de l'Europe et à recourir à des politiques qui, si elles ont fonctionné par le passé, pourraient bien se révéler inefficaces aujourd'hui.

Ce petit livre ne prédit pas la forme qu'adoptera le monde de « l'après-Covid » et il n'est pas plus un manifeste défendant un quelconque modèle à suivre. Sa seule ambition est d'analyser ce fléau qu'est le Covid-19 en l'envisageant comme un phénomène inédit, fondamentalement différent des trois crises qui l'ont précédé. Ce livre est par ailleurs moins consacré au monde dans sa globalité qu'à l'Europe. Le Covid-19 constitue une crise mondiale, au sens le plus littéral du terme. Ce sont probablement les pays du Sud qu'elle affectera le plus violemment ; le Programme alimentaire mondial des Nations unies a averti que le nombre d'individus confrontés à l'insécurité alimentaire pourrait doubler d'ici à la fin de l'année 2020, jusqu'à atteindre les 265 millions de personnes. Il est vraisemblable que nous assistions à une vague de conflits politiques et militaires. De nouvelles vagues migratoires sont très probables. Mais c'est en Europe que l'impact politique du Covid-19 sera le plus fort (il sera même considérable), parce que la pandémie met au défi les fondements mêmes du projet européen – et notamment le principe de l'interdépendance, qui garantit de la façon la plus solide sécurité et prospérité. Voilà pourquoi je considère que l'Union européenne ne sera pas la même après la crise. Elle pourrait se désintégrer, se transformer en une version contemporaine du Saint-Empire romain germanique – une union qui n'en aurait que le nom –, ou parvenir au contraire à une autonomie stratégique. L'Union européenne a toujours été l'enfant chéri de la mondialisation, mais c'est la menace de la démondialisation qui pourrait la rendre plus solide et plus intégrée encore. Une chose est sûre : ce n'est pas là une crise dont elle pourra se relever facilement.

Premier chapitre

Le nationalisme du « restez chez vous »

Au début du mois d'avril 2020, la journaliste italienne Chiara Pagano relevait abruptement que « l'Italie [était] désormais plus fermée que Matteo Salvini ne l'aura[it] jamais rêvé[1] ». Elle avait raison. En l'espace d'une seule semaine, le Covid-19 a fermé plus de frontières européennes que la crise des réfugiés de 2015 n'était parvenue à le faire. Au mois de mars 2020, le trafic aérien européen connaissait une chute spectaculaire de 97 % par rapport au mois précédent.

1. Chiara Pagano, « From National Threat to Oblivion », *Eurozine*, 2 avril 2020.

Nombreux sont ceux, parmi les esprits libéraux, à considérer cette diminution du trafic comme une tragédie aux conséquences majeures ; le coronavirus aurait infecté le continent en lui transmettant un nationalisme incurable, lequel menacerait désormais la survie même de l'Union européenne. Sa propagation malveillante viendrait entériner la mystique des frontières.

La crise des réfugiés de 2015 a déstabilisé fondamentalement le projet européen, creusant le fossé séparant les défenseurs de la liberté de circulation et ceux de la fermeture des frontières ; elle a aussi élargi le fossé séparant l'Europe de l'Ouest de l'Europe de l'Est. Avec la crise, une grande partie des Européens ont perdu la confiance qu'ils accordaient aux vertus supposées de la mondialisation – une mondialisation au visage de Janus dont le touriste et le réfugié étaient devenus les symboles.

Le touriste, incarnation de la mondialisation, est accueilli à bras ouverts. Cet étranger bienfaisant vient à nous, dépense, admire et repart ; il nous aide à nous sentir reliés à un monde plus vaste que le nôtre sans pour autant nous imposer ses problèmes. Par contraste, le réfugié représente la nature menaçante de la mondialisation[1]. Incarnant la misère de ce vaste monde, il est parmi nous sans être des nôtres. Désireux de jouir de nos ressources, il nous force à éprouver les limites de notre solidarité.

Attirer les touristes et rejeter les migrants : tel est, pour le dire vite, l'ordre du monde que l'Europe appelle de ses vœux. Et pourtant, pendant la pandémie de Covid-19, les réfugiés sont restés massés aux portes de l'Europe tandis que les touristes, eux, s'envolaient. Et il est probable que la crise sanitaire, du fait même de l'effondrement de l'économie qu'elle a entraîné, aggrave sur le long terme la pression aux frontières de l'Europe.

Les pays du Sud seront certainement les principales victimes du ralentissement économique. Le cours des ressources naturelles est en chute libre et le montant des transferts de fonds va probablement chuter d'environ 20 % – il avait chuté de 5 % au moment de la crise financière de 2008 –, et l'on peut supposer que le retrait

1. Zygmunt Bauman, *Globalization: The Human Consequences*, Polity Press, 1998.

des investissements étrangers poussera les gens à quitter leur pays pour tenter leur chance ailleurs. Dans le même temps, il est peu probable que les touristes reviennent en Europe dans un futur proche. Les Européens croiseront davantage de migrants à leurs frontières à un moment où leur fermeture ne sera pas l'expression d'un manque de solidarité, mais plutôt la traduction géopolitique de la distanciation sociale. Il n'est pas impossible que cela aboutisse, sur le continent, à la victoire d'un nationalisme ethnique et d'un populisme « nativiste ».

Parce que l'Union européenne doit son existence au contexte particulièrement violent du nationalisme européen, les partisans de l'Europe sont nombreux à éprouver une aversion profonde pour la moindre idée dégageant ne serait-ce qu'un léger parfum de nationalisme. Les esprits libéraux redoutent que la pandémie s'accompagne d'une autre épidémie, nationaliste celle-là, et leurs craintes sont aisément compréhensibles : l'Histoire a montré que les épidémies s'accompagnaient toujours d'accès de xénophobie. De tels accès se sont à vrai dire déjà produits depuis le début de la pandémie, et avec la régularité d'un mécanisme d'horlogerie. En Italie, la population chinoise immigrée a été rendue responsable de ce que l'on a appelé le « virus de Wuhan ». Et pourtant, lorsqu'on se penchera plus tard sur cette période pandémique, on constatera surtout, plutôt qu'une explosion de xénophobie, l'absence d'appels politiques à la haine raciale.

La « fermeture des frontières nationales » déclenchée par le Covid-19 ne saurait être comparée à celle provoquée par la crise des réfugiés de 2015. Même s'il a remis en avant un certain nombre d'enjeux liés aux migrations de notre temps, le « nationalisme du "restez chez vous" » est, par nature, substantiellement différent du nationalisme ethnique.

Où est-ce, « chez moi » ?

La plupart d'entre nous n'avons jamais eu à vivre de guerre ni de coup d'État militaire, pas plus que nous n'avons été soumis à des couvre-feux ; nous savons cependant instinctivement que le premier mouvement des citoyens, en cas de danger véritable, est d'appeler de leurs vœux la fermeture des frontières. En décidant de fermer les frontières, les hommes et femmes politiques endossent dans le même temps la pleine responsabilité de tout ce qui pourra se produire sur le territoire qu'ils dirigent. Et de même que les gens, dans une telle situation, trouvent refuge à l'intérieur de leurs frontières, ils se réfugient également dans leur langue maternelle. Les psychologues ont montré que dans les moments de grand péril, nous nous tournons souvent vers notre langue maternelle. Lorsque j'étais enfant, en Bulgarie, j'ai beaucoup appris des films soviétiques consacrés à la Seconde Guerre mondiale, que je visionnais avec avidité. Dans l'Allemagne hitlérienne, l'un des moments les plus dangereux pour les espionnes soviétiques était celui où elles accouchaient. Elles risquaient alors de crier involontairement dans leur russe maternel.

Le message exhortant les gens à « rester chez eux » les a encouragés à définir leur « chez eux » non seulement en termes pragmatiques – le meilleur endroit pour vivre et pour travailler –, mais aussi dans un sens plus métaphysique.

« La maison », c'est l'endroit où nous désirons le plus nous trouver en cas de grave danger. Réalisant que nous allions devoir affronter une période prolongée de distanciation sociale, ma famille et moi avons décidé de retourner en Bulgarie – une décision qui m'a surpris moi-même. Sous bien des aspects, ce n'était pas une décision rationnelle. Nous vivons et travaillons à Vienne depuis dix ans, et c'est une ville que nous aimons ; le système de santé public autrichien est bien plus fiable que le système bulgare et nous ne manquons pas, à Vienne, d'amis sur lesquels nous pouvons compter en cas de besoin. Pourtant, c'est l'injonction de « rester chez soi » qui nous a poussés à retourner en Bulgarie ; car, pour ma femme et moi, « chez nous », *c'est la Bulgarie*. En ces temps de crise, nous voulions nous rapprocher des gens et des lieux que nous connaissons depuis toujours. Et nous étions loin d'être seuls dans ce cas : 200 000 Bulgares vivant hors des frontières du pays ont réagi de la même manière. Pour nombre d'entre eux, un « chez-soi » signifiait simplement un espace suffisamment grand pour survivre plusieurs semaines durant.

Fermer les frontières ne relève pas simplement de l'instinct historique ; c'est aussi la façon la plus traditionnelle de lutter contre les épidémies. C'est de cette manière que les États mettent en œuvre leur propre « distanciation sociale ». En 1710, l'empereur du Saint-Empire Joseph Ier décida de bloquer la propagation de la variole depuis les Balkans en créant un *cordon sanitaire*[1] le long de la frontière sud séparant l'empire des Habsbourg de l'Empire ottoman. Ses initiatives furent largement couronnées de succès, même s'il ne put échapper à titre personnel à la maladie ; il mourut de la variole en 1711. Les restrictions de mouvement décidées par l'empire allaient néanmoins durer jusqu'au milieu du XIXe siècle.

Au milieu du XVIIIe siècle, quelque deux mille tours de guet fortifiées se dressaient tous les huit cents mètres, jalonnées de dix-neuf passages frontaliers disposant d'installations dédiées à l'enregistrement, à l'hébergement et à l'isolement, durant au moins vingt et un jours,

1. En français dans le texte (*N.d.T*).

de quiconque souhaitait entrer sur le territoire de l'empire. Ce n'est qu'à l'issue de ces trois semaines que l'on se voyait attribuer un passeport. Les bâtiments en question étaient désinfectés tous les jours avec du soufre et du vinaigre, et les marchandises commerciales classées en fonction de la probabilité qu'elles transmettent les germes de la maladie. Les agents de l'empire stationnant à la frontière avec le territoire ottoman fournissaient des renseignements qui permettaient aux hauts fonctionnaires d'adapter les mesures de quarantaine – ou même de les suspendre temporairement. Les lois furent sévèrement renforcées. Un observateur britannique nota alors : « Si vous osez enfreindre les lois de quarantaine, vous serez traduit en justice avec un zèle militaire ; le tribunal hurlera à bonne distance de votre personne la sentence qu'il vous a réservée [...] et après cela, vous vous retrouverez vite fait devant un peloton d'exécution, vous serez soigneusement fusillé et soigneusement mis en terre[1]. »

1. A. Wess Mitchell et Charles Ingrao, « Emperor Joseph's Solution to Coronavirus », *Wall Street Journal*, 6 avril 2020.

Lors de la crise des réfugiés de 2015, le nationalisme revint sur le continent européen sous les atours d'une guerre culturelle. C'était « nous » contre « eux », et le ton était agressif, exclusif. Les nationalistes s'alarmaient que leurs cultures nationales fussent détruites par des étrangers. En Bulgarie, les nationaux vivant à l'extérieur du pays furent intégrés à ce « nous » tandis que les minorités vivant sur le territoire bulgare – dont nombre d'entre elles étaient là depuis des siècles – se virent traitées comme des populations étrangères. Le Covid-19 a remplacé ce nationalisme culturel par un « nationalisme de la santé publique » articulé à une xénophobie à caractère territorial et plus inclusive. L'étranger n'est plus la personne « qui n'est pas née ici », mais celle « qui, à l'heure actuelle, n'est pas ici » – c'est votre lieu de résidence qui importe maintenant, plutôt que votre passeport. Le Portugal est un exemple paradigmatique de ce tournant. Le jour même où il décida le confinement du pays, le gouvernement portugais déclara que tous les étrangers présents sur son territoire et dont les démarches de naturalisation étaient en cours seraient traités comme des résidents permanents au moins jusqu'au 1er juillet 2020. Tout au long de la crise migratoire, les débats qui avaient fait rage dans de nombreux pays portaient essentiellement sur des populations qui n'étaient pas présentes sur leurs territoires, mais qui étaient susceptibles de faire leur apparition à brève échéance. Avec la crise sanitaire, les seuls migrants que l'on évoque dans les débats sont ceux qui sont déjà sur place[1].

Dans son ouvrage *Once Within Borders*, l'historien Charles S. Maier, qui enseigne à Harvard, avance que le territoire est une invention sociopolitique qui permet de gouverner les populations et qui leur confère une identité autre que celle fondée sur l'origine : « Le territoire est ainsi un espace de décision. Il a permis de déterminer la portée exacte de la législation et des décisions collectives. Dans le même temps, il a précisé l'étendue de puissantes allégeances collectives. [...] À l'époque de la mondialisation, le territoire en tant qu'"espace de décision" a perdu

1. « Portugal to treat migrants as residents during coronavirus crisis », *Reuters*, 28 mars 2020.

une partie de son importance[1]. » Nombreux sont ceux qui ont quitté leur pays natal pour vivre et travailler ailleurs, même si ce territoire a conservé à leurs yeux tout son attrait en tant qu'« espace d'identité ». Le « nationalisme du "restez chez vous" » suscité par le Covid-19 a réinstauré le territoire à la fois comme espace de décision et comme espace d'identité.

Comme je l'ai avancé dans mon livre *Le Destin de l'Europe*[2], l'hystérie xénophobe qui, en Europe centrale, a caractérisé la réaction à la crise migratoire de 2015 trouvait ses racines dans le trauma de l'émigration. En effet, de nombreux jeunes citoyens d'Europe de l'Est étaient, au lendemain de la chute du Mur, partis vivre et travailler à l'Ouest. Mais la crise que nous traversons actuellement montre que ces craintes d'un dépeuplement et que ce sentiment d'abandon restent vifs. En Europe centrale et en Europe de l'Est, le coronavirus a

1. Charles S. Maier, *Once Within Borders*, Harvard University Press, 2016.

2. Ivan Krastev, *Le Destin de l'Europe*, trad. Frédéric Joly, Premier Parallèle, 2017.

mis en lumière, et de façon douloureusement évidente, l'exode des professionnels de la santé. Une conséquence de cet exode est que, dans un pays comme la Bulgarie, presque la moitié des médecins et des infirmières ont plus de 50 ans. Mais, alors que les Bulgares, les Roumains et les Polonais rêvaient, durant la crise migratoire, d'un retour de leurs compatriotes, on espère simplement désormais qu'ils ne reviendront qu'une fois le virus définitivement neutralisé. Des compatriotes revenant de zones infectées par le Covid-19 ont été jugés aussi importuns que n'importe quel étranger, et leurs gouvernements ont très clairement laissé entendre qu'ils ne se sentiraient responsables que des citoyens ayant obéi aux ordres en ne franchissant pas les limites de leurs villes. Les citoyens bulgares qui, pour une raison ou une autre, avaient choisi de rester à l'extérieur du pays ne sont plus considérés comme relevant de la responsabilité du gouvernement.

En ce sens, les premiers stades de la crise sanitaire ont été marqués non pas par la xénophobie, par l'hostilité des « natifs » à l'encontre des « étrangers », mais par la colère de ceux qui, vivant à la campagne, ont assisté à un déferlement de propriétaires de résidences secondaires. Les médias ont régulièrement évoqué ces citadins fuyant les épicentres de la pandémie pour rejoindre leurs maisons de campagne, dans des régions côtières ou montagneuses plus susceptibles d'adoucir l'inconfort du confinement et suffisamment connectées pour permettre de travailler à distance des métropoles dans de bonnes conditions. Mais il se trouve que leur irruption a rendu furieux les « locaux », qui ont alors craint qu'ils n'apportent le virus dans ces zones généralement peu pourvues d'hôpitaux et donc bien incapables de faire face à une éventuelle explosion pandémique, les accusant ainsi de mettre en danger des populations souvent âgées et aux revenus modestes. La France, qui compte 3,4 millions de résidences secondaires, a tout particulièrement connu cette situation, et l'attitude de cette classe moyenne supérieure y a été envisagée par beaucoup comme un indice supplémentaire de l'arrogance et de l'égoïsme des plus aisés.

Il y a une ironie quelque peu embarrassante dans tout cela : c'est que les résidences secondaires, en Europe, sont elles-mêmes un lointain héritage des périodes où la peste sévissait. À la suite des premières irruptions de peste noire, au XIVe siècle, de nombreux habitants des cités de l'Italie de la Renaissance se mirent à investir dans des résidences à la campagne, afin notamment d'être sûrs de disposer de réserves alimentaires par temps de crise. Ils se mirent à y vivre toujours plus longtemps, particulièrement l'été – saison où la peste faisait le plus de ravages –, et cette existence dans des villas à la campagne devint chose courante pour les familles les plus aisées. Les résidences secondaires sont redevenues, avec l'actuelle pandémie, des lieux de repli, mais, cette fois-ci, les « locaux » ne s'en félicitent pas.

La montée en puissance d'un nationalisme spécifique suscité par la pandémie a contribué de façon significative au retour de l'État national. Après l'effondrement de Lehman Brothers et de Bear Stearns, en 2008, de nombreux observateurs pensaient que la défiance à l'endroit des marchés financiers allait conduire de façon inexorable à un regain de confiance dans les pouvoirs publics. Cette idée n'avait rien de bien neuf. En 1929, à la suite du déclenchement de la grande dépression, les populations avaient exigé de leurs gouvernements qu'ils interviennent énergiquement afin de compenser les défaillances des marchés. Dans les années 1970, ce fut exactement le contraire : les populations se montrèrent à cette époque fort déçues des interventions gouvernementales, et c'est ainsi que les marchés retrouvèrent de leur superbe – avant de prendre leur revanche et de revenir en force tout au long de la décennie suivante, avec Reagan et Thatcher à la tête de la croisade.

Le paradoxe de la Grande Récession des années 2008-2009 est que la défiance à l'endroit des marchés n'a pas conduit les populations à exiger de leurs gouvernements qu'ils interviennent de façon bien plus énergique. En dépit de l'ardeur militante des activistes du type « Occupy Wall Street », qui en appellent aux quatre coins du monde à une réinvention de la politique et de la société, les États n'ont pas été investis d'une telle responsabilité.

Les expériences idéologiques de la récession économique faites par l'Europe trouvent un écho dans un des récits du chef-d'œuvre de Boccace, *Le Décameron*. Giannotto di Civignì se fait fort de convertir son ami Abraham, un Juif parisien, au christianisme dans l'espoir de sauver son âme. Un jour, Abraham part pour Rome en annonçant à Giannotto qu'il décidera de sa conversion une fois qu'il aura rencontré de hauts membres de l'Église. Bien conscient de la corruption du clergé catholique, Giannotto perd tout espoir qu'Abraham saute le pas. Et pourtant, à son retour, Abraham se convertit : si le christianisme parvient à prospérer alors même que sa hiérarchie se montre corrompue, c'est probablement qu'il est la vraie parole de Dieu.

Ce qui est arrivé au néolibéralisme à la suite de la crise financière mondiale des années 2008-2009 n'est pas sans évoquer une logique de ce type. De nombreux Européens se sont dit que si le néolibéralisme avait pu sortir indemne de la dévastation économique à laquelle il avait contribué, il n'était après tout pas impossible qu'il fût *la* vraie religion. À peine une décennie plus tard, le Covid-19 les incite à redonner de l'importance au rôle des gouvernements dans leurs existences. C'est que la santé publique dépend des pouvoirs publics et que des économies en chute libre ne peuvent être sauvées que par ces mêmes pouvoirs publics. Par un retournement de situation intéressant, l'efficacité des gouvernements est désormais mesurée en fonction de leurs capacités à agir sur les comportements quotidiens individuels ; dans le contexte de crise actuel, l'inaction est aujourd'hui la plus visible des actions. Les gens ont montré qu'ils pouvaient tolérer une restriction significative de leurs droits, mais pas que leur gouvernement manque à ses devoirs faute de préparation suffisante.

Assimiler la pandémie actuelle à la crise migratoire de 2015, c'est s'interdire d'en comprendre deux aspects. Le premier est que la politique de distanciation sociale, si elle donne des pouvoirs extraordinaires aux États, renforce aussi les collectivités locales et les identités régionales ; le second est que la fermeture des frontières européennes pourrait bien mettre au jour les limites du nationalisme. À l'heure où l'inquiétude économique domine le débat public, les

Européens vont probablement réaliser qu'au contraire de ce qui s'était passé au XIXe siècle, le nationalisme est une impasse sur le plan économique. Certes, les États-Unis et la Chine peuvent chacun entretenir l'illusion de leur autosuffisance, et l'Union européenne pourrait aussi bénéficier d'une prudente « démondialisation », mais les petites nations européennes ne sauraient tabler sur un nationalisme économique. Les Européens vont bientôt comprendre que la seule protection dont ils disposent est le type très particulier de protectionnisme que leur offre leur association avec le reste du continent.

Chez soi, dans différentes pièces

À première vue, le coronavirus semble partager un point commun avec les démocraties libérales : il semble fondamentalement égalitaire. Contrairement à des maladies comme le choléra, il ne sévit pas en priorité dans les habitats urbains alimentés par une eau contaminée dans lesquels s'entassent les populations les plus pauvres. Il ne discrimine pas et s'en prend aussi bien aux riches qu'aux pauvres. Un regard plus attentif nous conduit à un autre constat. Car le virus frappe des sociétés en proie à différents types d'inégalités ; et les premières données venues des États-Unis sont éloquentes : la race et le niveau de revenus sont des informations cruciales lorsqu'il s'agit de savoir qui va ou non mourir. Comme le montre Stephen Holmes, la pandémie, plutôt que de simplement souligner l'inégale répartition des ressources et des chances de mobilité sociale ascendante, met en relief l'inégale « distribution du risque » dans la société[1].

Mais si les citoyens des démocraties libérales ne se retrouvent pas sur un pied d'égalité face au coronavirus, il n'en reste pas moins que celui-ci renforce le sentiment – sinon le fait même – que nous vivons tous dans un seul et même monde. Au contraire de ce qui s'est passé lors de la dernière récession, les riches et les puissants ne peuvent, cette fois-ci, prendre leur argent et partir. Les aéroports étant fermés, les élites n'ont plus d'issue de secours ; par

1. Stephen Holmes, dans un entretien avec l'auteur.

temps de fléau, la distinction entre ceux que l'essayiste David Goodhart appelle les « gens de partout » et ceux qu'il définit comme les « gens de quelque part »[1] n'a plus cours. Le coronavirus a mis tout le monde sur le même plan, et ce sont aujourd'hui les « gens de partout » qui cherchent désespérément leur « quelque part ». Mais vivre dans le même monde, ce n'est pas vivre dans un monde partagé ni dans un monde juste. En temps normal, les élites ont la possibilité de voyager. En temps de pandémie, elles ont la possibilité de rester à la maison.

Dans le cauchemar type du XXe siècle, une guerre nucléaire éradique l'humanité entière. Avec le coronavirus, ces jeunes Européens qui décident stupidement de faire la fête pendant la pandémie n'ont à redouter que quelques jours de maladie ; leurs parents et grands-parents, eux, ont plus de risques d'en mourir. En ce sens, la pandémie partage certains traits avec le changement climatique : c'est une catastrophe globale qui nous affecte tous de manière diffé-

---

1. David Goodhart, *Les Deux Clans*, trad. Valérie Le Plouhinec, Les arènes, 2019.

rente. Et si le terrorisme représente une menace asymétrique, ce sont des peurs asymétriques que suscite le coronavirus. Le sociologue Bruno Latour propose une explication convaincante de l'attitude des « nativistes » comme Donald Trump, qui nient la menace existentielle du réchauffement climatique. Ce n'est pas tant qu'ils feraient preuve de cécité ou qu'ils n'auraient pas confiance en la science ; ce qui les dérange, c'est plutôt l'idée que nous vivrons ou mourrons *tous*, alors que leur postulat politique de base est un jeu à somme nulle : certains doivent survivre, d'autres mourir. S'ils rejettent l'idée d'un internationalisme libéral, c'est parce que celui-ci assure qu'une coopération à l'échelle de la planète pourrait tous nous sauver[1]. Une logique similaire est à l'œuvre dans leur réaction face au Covid-19. De même que le changement climatique affectera différemment les lieux et les individus pour des raisons géographiques, le Covid-19, lui, se révèle d'autant plus féroce que les « conditions préexistantes »

1. Bruno Latour, *Où atterrir ?,* La Découverte, 2017.

sont problématiques, comme le fait d'être noir ou pauvre aux États-Unis.

Le fait que le coronavirus se révèle en outre d'autant plus féroce que l'on est plus âgé a un fort impact sur la dynamique générationnelle. Dans les débats sur les risques soulevés par le changement climatique, les plus jeunes ont reproché à leurs parents de ne pas avoir pensé à l'avenir. Le coronavirus inverse cette dynamique : les membres les plus âgés de la société sont désormais les plus vulnérables, et ce sont les réticences des plus jeunes à changer leur mode de vie qui les menacent. Si la crise devait s'éterniser, ce conflit intergénérationnel s'intensifierait. Dans le même temps, la distanciation sociale nous permet de nous mettre à la place de nos parents et de nos grands-parents qui, avant la pandémie, passaient de toute façon le plus clair de leur temps « chez eux ». Échanger avec ma mère dernièrement m'a permis de réaliser que même avant l'épidémie, elle était la plupart du temps chez elle à craindre la mort, à prier pour que ses médecins soient compétents, et, comme toutes les grands-mères, à attendre que ses petits-enfants lui passent un coup de fil.

Mais si le Covid-19 s'avère incomparablement plus dangereux pour les personnes âgées, c'est la jeune génération qui aura le plus à souffrir des effets économiques de la pandémie. Une étude récemment menée aux États-Unis a permis de montrer, de façon très impressionnante, que 52 % des moins de 45 ans avaient, depuis les débuts de la pandémie, soit perdu leur travail, soit été contraints de prendre des congés, soit avaient vu leur temps de travail réduit. Or la Grande Récession qui a frappé les jeunes Occidentaux remonte à seulement dix ans. Les « millenials » du sud de l'Europe auront donc connu avant l'âge de 35 ans deux crises majeures. 40 % des jeunes Italiens et la moitié des jeunes Espagnols étaient au chômage au milieu de la dernière décennie. Certains chercheurs aux États-Unis commencent à parler de la « Génération C », « C » pour « Coronavirus ». Elle englobe tous ceux dont l'avenir dépendra de la pandémie, qu'ils soient aujourd'hui nouveau-nés, enfants, étudiants ou jeunes actifs. À l'évidence, cette génération grandira dans un contexte de terrible récession.

Le Covid-19 ne s'est pas contenté de renforcer et d'amplifier les divisions sociales et politiques préexistantes ; il en a aussi créé de nouvelles. Lorsque les gouvernements, un peu partout dans le monde, ont décidé d'appliquer des procédures de confinement, certains observateurs ont rapidement remarqué que la « distanciation sociale » était un luxe réservé aux membres de la classe moyenne. D'autres y ont vu tout autre chose. Aux États-Unis, une affiche très appréciée de tous ceux qui s'opposent fermement au confinement déclare : « distanciation sociale = communisme ». Une distinction a par ailleurs été opérée entre ceux dont les métiers sont considérés comme de première nécessité et ceux qui sont en mesure de travailler de chez eux. Si les acteurs économiques se déclarent très favorables à l'usage de tests de diagnostic et à la délivrance de passeports d'immunité, c'est parce que ces méthodes pourraient permettre un redémarrage plus rapide de l'économie. Mais de telles méthodes auraient aussi pour conséquence de scinder la société en deux groupes distincts : ceux qui seraient autorisés à se déplacer librement et qui ne représenteraient qu'un faible danger pour autrui, et les autres, perçus comme étant « à haut risque ». Il n'y aurait, dans ces conditions, rien de très surprenant à ce que les entreprises embauchent surtout les premiers.

Lorsqu'il s'est agi d'élaborer une stratégie de déconfinement, il a notamment été envisagé – au Royaume-Uni, mais aussi ailleurs – de « déconfiner » en premier les plus jeunes, en commençant par rouvrir les établissements scolaires, avant d'autoriser les jeunes adultes, moins susceptibles d'être gravement atteints par la maladie, de reprendre le chemin du travail. Certains experts ont proposé de lever les restrictions pour les vingtenaires ne vivant plus chez leurs parents, dont on estime le nombre à 4,2 millions. Certains ont alors avancé sur le ton de la plaisanterie que si de telles mesures devaient être adoptées, un « âge maximal pour consommer de l'alcool dans les bars » ne tarderait pas à être instauré... Le point commun de ces options politiques est de créer des gagnants et des perdants, et si les restrictions liées aux Covid-19 devaient perdurer, elles transformeraient alors profondément nos sociétés.

Chapitre II

La démocratie comme dictature des comparaisons

Les pandémies infectent la société en lui inoculant le virus de la peur. Elles peuvent révéler le meilleur dans les rangs des citoyens, mais elles peuvent aussi entraîner les gouvernements au pire. La littérature a souvent mis en scène des épidémies, en les utilisant comme des métaphores de la perte de la liberté et du surgissement de l'autoritarisme. Pour Machiavel, la peste et la maladie illustrent ce qui se produit dans le corps politique lorsque règnent l'anarchie et la corruption, tandis que *La Peste* de Camus est une parabole du fascisme.

L'irruption du coronavirus annonce-t-elle donc le déclin des démocraties libérales occidentales ? S'accompagne-t-elle d'un autre virus – celui de l'autoritarisme ?

Selon un rapport réalisé en avril 2020 par openDemocracy, plus de deux milliards de personnes vivent à l'heure actuelle dans des pays où l'activité des Parlements a été suspendue ou restreinte par les mesures d'urgence imposées par la pandémie[1]. Mais les Parlements ne sont pas les seules institutions à avoir vu leur activité paralysée. Le confinement généralisé a aussi fortement diminué l'activité des tribunaux. Les gens ont l'interdiction de quitter leurs domiciles. Les élections sont suspendues ou se déroulent dans une atmosphère qui rend impossible toute compétition politique équitable. L'activité des médias se heurte à des difficultés toujours plus grandes ; et alors que la pandémie rend crucial l'accès à une information fiable, la crise économique menace la

1. « Alarm as 2 billion people have parliaments shut or limited by COVID-19 », *openDemocracy*, 8 avril 2020.

survie financière des médias chargés de recueillir, vérifier et transmettre les informations.

De nombreux analystes craignent que la pandémie porte les populistes au pouvoir et qu'une fois en situation de gouverner, ces démagogues instrumentalisent la crise sanitaire pour étouffer la démocratie et imposer un type de gouvernement autoritaire. La conséquence politique à long terme du Covid-19, disent-ils, sera une législation restreignant les libertés publiques, et qui restera en vigueur – longtemps – après le coronavirus. Nombre d'entre eux soutiennent enfin que la conséquence géopolitique la plus significative de la crise sera un gain d'influence considérable de la Chine à l'échelle de la planète.

Je partage la plupart de ces craintes. Le Covid-19 est particulièrement dangereux pour les personnes qui souffrent déjà de certaines pathologies graves – ce que les assureurs appellent les « conditions préexistantes » ; les démocraties libérales occidentales ont souffert ces dix dernières années de dysfonctionnements considérables, et la confiance des populations à leur endroit a spectaculairement décliné. Les formations populistes ont « surfé » sur ces sentiments de colère et de frustration. Les titres de deux livres récents, ayant eu un grand retentissement dans les pays anglo-saxons, sont à cet égard évocateurs : Steven Levitsky et Daniel Ziblatt ont choisi d'intituler leur ouvrage *Comment meurent les démocraties*, tandis que David Runciman, lui, a intitulé le sien *Comment les démocraties finissent*[1]. Il est logique de craindre que le Covid-19 renforce – voire accélère – au moins certaines des tendances politiques négatives qui étaient déjà à l'œuvre avant la crise sanitaire. Mais si de telles inquiétudes quant à l'avenir de la démocratie en Europe sont justifiées, le tableau général me semble plus complexe et peut-être pas aussi sombre que le prétendent beaucoup.

1. Steven Levitsky et Daniel Ziblatt, *How Democracies Die*, Crown, 2018 ; David Runciman, *How Democracy Ends*, Profile Books, 2018.

Une grenouille pourrait-elle être infectée par le Covid-19 ?

Nous connaissons tous la meilleure manière de faire bouillir une grenouille : non pas la jeter dans de l'eau bouillante – dont elle s'échapperait tout de suite en bondissant –, mais la placer dans de l'eau froide qu'on mettrait à chauffer, de sorte qu'elle ne perçoive pas le danger. De nombreux commentateurs envisagent les démocraties libérales en pleine pandémie comme des grenouilles qu'il s'agirait de cuisiner, et Viktor Orbán, le Premier ministre hongrois, comme celui qui, dans son pays, se chargerait de faire lentement monter la température de l'eau. Le 30 mars 2020, une loi a été votée en Hongrie qui donne au Premier ministre le pouvoir de gouverner par décret pour une période illimitée. Ces nouvelles dispositions lui permettront de suspendre l'application de certaines lois, et pas seulement celles en lien avec la crise sanitaire. Elles lui permettront aussi de condamner à de la prison ferme des personnes reconnues coupables de propager des informations fausses ou déformées, ce qui a bien sûr tout de suite suscité de nouvelles craintes quant à la liberté de la presse dans ce pays. Sans surprise, les élections et référendums y ont été reportés *sine die*, tant que durera l'état d'urgence. Le Parlement hongrois a entériné tout cela sans difficulté, par 137 voix contre 53.

De façon prévisible, les partis d'opposition ont attaqué ces nouvelles dispositions en remettant en cause leur nécessité et en parlant d'une tentative de démanteler une démocratie déjà bien affaiblie. Donald Tusk, l'ancien président du Conseil européen et actuel président du Parti populaire européen – un parti du centre droit –, a déclaré de façon très sarcastique, à l'occasion d'un entretien avec le magazine allemand *Der Spiegel*, que « Carl Schmitt serait très fier de Viktor Orbán[1] ». Il est vrai que l'influent juriste

1. « Entretien avec Donald Tusk. "Ce dont l'économie a besoin, c'est d'une guerre éclair" », *Der Spiegel*, 21 avril 2020. Le juriste allemand Carl Schmitt – un constitutionnaliste ouvertement hostile à la démocratie libérale et au parlementarisme – s'attacha à justifier le règne nazi dans l'Allemagne des années 1930. (*N.d.T.*)

allemand, qui réduisait la politique à la relation ami-ennemi et qui apporta son soutien au régime nazi, aurait été fier du Premier ministre hongrois, mais le stratagème d'Orbán inspire plus de la perplexité qu'une véritable crainte.

Si le cas hongrois est étrange, c'est parce qu'Orbán n'a pas besoin de mettre le Parlement en quarantaine pour exercer un pouvoir illimité – il jouissait déjà d'une forte majorité constitutionnelle. Qui plus est, la Hongrie ne s'est pas détournée de la démocratie libérale à l'occasion de la crise provoquée par le coronavirus ; elle n'en était déjà plus une[1]. Pourquoi Orbán aurait-il besoin d'usurper des pouvoirs dont il dispose déjà ? Avancer que le Covid-19 lui a offert l'opportunité de fomenter un coup d'État, c'est proposer une explication paresseuse et qui n'est d'aucun secours. Il est plus éclairant de dire qu'Orbán utilise la crise sanitaire pour montrer à Bruxelles qu'il peut violer les règles de l'Union européenne en toute impunité.

1. Le Premier ministre hongrois lui-même n'a-t-il pas déclaré que la Hongrie était une « démocratie illibérale » ?

Les politologues ont raison d'affirmer que les leaders autoritaires prospèrent grâce aux crises et qu'ils excellent à pratiquer la politique de la peur ; mais il est important de noter que les crises dont les dirigeants autoritaires profitent le plus sont celles qu'ils ont fomentées eux-mêmes, ou du moins celles pour lesquelles ils sont préparés et qu'ils sont dès lors en mesure de gérer ; ils ne peuvent supporter les crises qui menacent de changer le monde tel qu'ils le connaissent. Carl Schmitt n'avait pas tort de dire que les dictateurs aspirent au pouvoir de Dieu, mais le Tout-Puissant ne s'est jamais vu demander de résoudre des problèmes qu'il n'avait pas créés.

Les dirigeants autoritaires n'aiment pas les crises qui les contraignent à réagir au moyen de règles. Ce qui permet aujourd'hui de contrecarrer la propagation de la maladie, ce n'est pas le génie et la puissance de tel ou tel homme fort, mais des choses très prosaïques comme le fait de se laver les mains soigneusement et régulièrement.

Posséder un pouvoir absolu, c'est avant tout jouir de la liberté de décider soi-même quelle crise mérite de se voir apporter une réponse ;

mais il se trouve que le Covid-19 a balayé ce type de prérogative. Il n'est pas surprenant que les quatre chefs d'État à avoir nié avec le plus d'acharnement l'existence même de la pandémie soient des dirigeants autoritaires : le président brésilien, Jair Bolsonaro ; l'homme fort de la Biélorussie, Alexandre Loukachenko ; l'ancien président autocrate du Turkménistan, Gurbanguly Berdymukhamedov ; et enfin, le dictateur nicaraguayen Daniel Ortega. Ces quatre-là, qu'Oliver Stuenkel, un professeur de relations internationales, a qualifiés récemment d'« alliance des autruches[1] », sont la meilleure preuve que le Covid-19 n'est pas pour un dictateur un invité idéal. Pour ces quatre « autruches », la pandémie, plutôt que d'être une opportunité à saisir, représente une menace et une contrainte. La crise sanitaire en tant que crise mondiale à laquelle devrait réagir la totalité des gouvernements de ce monde limite en fait le pouvoir des dirigeants autoritaires.

1. « The "Ostrich Alliance": The Leaders Denying the Coronavirus Threat », *Financial Times*, 17 avril 2020.

Le Covid-19 va-t-il porter les populistes au pouvoir ?

De la peur, Michel de Montaigne remarquait dans *Les Essais* : « Aussi surmonte elle en aigreur tous autres accidents[1]. » Et la peur est ce qui porte les populistes au pouvoir. Nous ne devrions donc pas nous étonner que tant de gens soient persuadés que les populistes de droite seront les grands bénéficiaires de la crise sanitaire. Mais la montée en puissance du populisme tout au long de la dernière décennie s'explique-t-elle mieux par la peur ou par l'angoisse ?

Alors que les psychologues considèrent que la peur et l'angoisse sont proches parentes – toutes deux impliquent l'idée d'un danger –, ils soulignent aussi que la peur est une réaction à un danger spécifique et observable, comme, mettons, la possibilité d'être infecté par une maladie mortelle. En comparaison, l'angoisse

1. Michel de Montaigne, *Les Essais*, Gallimard, « Bibliothèque de la Pléiade », 2007, p. 78.

porte sur l'avenir en général ; il s'agit là d'un affect diffus, qui ne se focalise sur rien de particulier, qui est sans objet véritable. Les gens éprouvent de l'angoisse à l'idée que leurs enfants puissent mener une vie moins bonne que la leur, à l'idée que les migrants les remplaceront. Ils s'inquiètent de l'apocalypse climatique annoncée ou de la perspective d'une invasion étrangère. Les gens angoissés sont également colériques, alors que ceux qui ont peur ne peuvent se permettre ce luxe qu'est la colère : ils sont trop occupés à survivre. Les populistes ont montré un talent certain à exploiter la colère des angoissés. Les gens anxieux ne se comportent pas de la même manière que ceux qui ont peur. La psychologie sociale a donné en tant que discipline une littérature considérable, toujours plus riche, qui montre très bien que les individus en proie à la peur « développent une pleine conscience et une conscience de soi aiguisée qui les poussent à prêter attention aux contraintes pesant sur l'action libre et, avant tout, à désirer restaurer un degré élevé de cohérence et de certitude[1] ». Dans ses Mémoires, intitulés *Ma vie*[2], le critique littéraire allemand Marcel Reich-Ranicki, racontant les mois qu'il avait passés dans le ghetto de Varsovie, durant la Seconde Guerre mondiale, confessait ne jamais avoir voulu à cette époque commencer la lecture d'un roman, de crainte de mourir avant de l'avoir terminé – alors même qu'il passait son temps à lire.

Lorsque le stade le plus critique de la crise sanitaire actuelle sera passé et que les gens cesseront de craindre pour leurs vies, la colère fera son retour et des politicien(ne)s populistes comme Marine Le Pen et Matteo Salvini auront de nouveau toutes les chances d'en tirer parti. Mais, pour l'heure, c'est l'intensité de la peur provoquée par le Covid-19 qui explique que la rhétorique gouvernementale supplante la rhétorique populiste. Alors que certains chefs de gouvernement comme Giuseppe Conte voient

---

1. Ira Katznelson, *Fear Itself: The New Deal and the Origins of Our Time*, Liveright, 2014, p. 33.

2. Marcel Reich-Ranicki, *Ma Vie*, trad. Jeanne Étoré et Bernard Lortholary, Grasset, 2001. (*N.d.T.*)

leurs cotes de confiance s'élever de façon très nette, le soutien dont jouissent leurs adversaires populistes connaît, lui, un déclin. Plutôt que de rechercher une personnalité capable de donner expression à leur frustration, les gens apeurés se tournent vers ceux qui sont susceptibles de les protéger, ainsi que vers les « sachants ». C'est pourquoi le Covid-19 a changé l'attitude de l'opinion publique à l'égard des experts. La crise sanitaire a montré avec éclat à quel point un gouvernement bien conseillé est précieux, alors que les années qui avaient succédé à la crise financière s'étaient caractérisées par une grande défiance à l'endroit des experts et de la technocratie.

Le « virus chinois » bénéficiera-t-il au modèle chinois ?

Comme beaucoup d'autres, j'ai eu le sentiment, aux premiers jours de la crise, que la Chine sortirait renforcée de la pandémie et en viendrait même à conforter sa position stratégique. La crise sanitaire semble avoir légitimé certains États autoritaires aux yeux de leurs citoyens ; et de premières données laissent penser que l'épidémie a rendu les citoyens chinois plus critiques à l'endroit du modèle américain[1]. Parce que la Chine a été le premier pays à être frappé par le virus, elle a aussi été le premier à reprendre son activité économique, ce qui a joué en sa faveur.

Cependant, les jours passant, je suis moins certain que la Chine devienne la grande bénéficiaire de la crise. Un sentiment anti-chinois grandit depuis qu'il est avéré que le gouvernement chinois a menti au monde entier au sujet du nombre des victimes du coronavirus sur son sol. Pékin avait lancé une campagne de relations publiques pour le moins agressive visant à se présenter comme un modèle d'efficacité dans la réponse à apporter à la pandémie, et comme la seule puissance globale à un moment où le virus se propageait en Europe et dans d'autres parties du monde. Mais cette

1. Mark Hannah et Caroline Gray, « Global Views of American Democracy: Implications for Coronavirus and Beyond », EGF Report, avril 2020.

campagne a fait long feu. Les Allemands ont été scandalisés d'apprendre que des diplomates chinois avaient fait pression sur des personnalités allemandes afin que celles-ci fassent publiquement l'éloge de la gestion de la crise sanitaire par Pékin[1]. La Chine a, en fait, toutes les chances d'être affectée négativement par la « démondialisation » que va initier la pandémie. Pour la première fois depuis la Révolution culturelle de Mao, elle a connu, au premier trimestre 2020, un recul majeur de son produit intérieur brut – un recul qui représente un défi considérable et symbolique pour un régime dont la légitimité repose sur sa capacité à améliorer le niveau de vie de ses citoyens. Xi Jinping, le dirigeant chinois, pourrait sortir considérablement affaibli de cette crise. Et tandis que la crise porte atteinte au « soft power » des États-Unis et de l'Union européenne, et à la confiance que ces puissances ont en elles-mêmes, le monde de l'après-Covid-19 se montrera moins bien disposé que celui d'avant à

1. « Germany says China sought to encourage positive Covid-19 comments », *Reuters*, 26 avril 2020.

l'endroit des ambitions mondiales de Pékin. Car la pandémie a mis en lumière la face sombre de la Chine.

La période que nous traversons évoque à certains égards la crise des années 1970, époque où le communisme soviétique et les démocraties occidentales étaient taraudés par des déchirements internes. Le géopolitologue et philosophe Pierre Hassner parlait de ces années comme d'une période de « décadence compétitive ». Au lieu de décider quel modèle idéologique, entre la démocratie libérale et l'autoritarisme à la chinoise, est le mieux adapté aux exigences du XXIe siècle, le Covid-19 a mis un terme brutal à la possibilité d'une coopération sino-américaine susceptible de répondre aux problèmes de la mondialisation. La tendance à la fragmentation globale et à la régionalisation n'en a été que renforcée. Wang Jisi, professeur à l'université de Pékin, affirme à juste titre que le virus a provoqué une dégradation des relations sino-américaines jamais vue depuis l'instauration de liens formels entre les deux nations dans les années 1970, entraînant un découplage économique et technologique bilatéral « déjà irréversible[1] ».

La rivalité entre la Chine et l'Amérique ne débouchera pas sur une guerre froide. Contrairement au régime soviétique, le modèle chinois ne représente pas une alternative idéologique au capitalisme : il est plutôt partie intégrante du capitalisme global. Cependant, une confrontation entre les deux puissances ressemblerait fort à une guerre froide. Comme le remarquait à cette époque Harry « Rabbit » Angstrom, le célèbre personnage du romancier John Updike, « sans la guerre froide, à quoi bon être américain ?[2] » Il est clair qu'indépendamment de l'issue des présidentielles américaines de novembre 2020, la position de Washington à l'égard de Pékin se durcira. Les leaders chinois se montreront aussi probablement d'accord pour dire que, sans guerre froide, ils n'auraient

1. Jamil Anderlini, « Why China is Losing the Coronavirus Narrative », *Financial Times*, 19 avril 2020.

2. John Updike, *Rabbit en paix*, trad. Maurice Rambaud, Gallimard, 1993.

que très peu de raisons de continuer à se prétendre communistes. La stratégie permettant au Parti communiste de tenir plus fermement les rênes du pouvoir pourrait consister à attiser un nationalisme anti-occidental.

Quand la foule se volatilise

Dans un roman de jeunesse, *La Journée d'un scrutateur*[1], Italo Calvino narre le déroulement d'une élection, entre folie, passion et raison. Le personnage principal, Amerigo Ormea, un intellectuel de gauche, accepte une mission de scrutateur dans un bureau de vote – en l'occurrence dans un hospice religieux à Turin, le Cottolengo, qui accueille des malades mentaux et des handicapés. Depuis l'instauration des élections en Italie, au lendemain de la Seconde Guerre mondiale, les lieux de ce type constituent des cibles privilégiées pour les

1. Italo Calvino, *La Journée d'un scrutateur*, trad. Gérard Genot révisée par Mario Fusco, nouvelle éd., Gallimard, coll. « Folio », 2013.

démocrates-chrétiens. En période électorale, les journaux regorgent d'anecdotes impliquant des invalides et des personnes âgées, paralysées par l'artériosclérose, lourdement incités à voter pour les conservateurs.

En dépit de tout cela, c'est dans les murs du Cottolengo qu'Ormea a le sentiment de voir la démocratie à l'œuvre, émerveillé même de constater comment le rituel des élections triomphe de la marche des fascistes et à quel point il confère une signification à la vie humaine. Ormea se montre surtout frappé par l'égalitarisme de la démocratie, par le fait que tous les gens, qu'ils soient fortunés ou pauvres, éduqués ou illettrés, peuvent se prévaloir avec leur bulletin de vote d'une voix strictement égale à n'importe quelle autre. Les élections ressemblent à certains égards à l'approche de la mort puisqu'elles vous forcent à regarder en arrière, vers le passé, mais aussi en avant – afin d'évaluer votre existence et d'en imaginer une autre. C'est dans cet asile pour incurables et déficients mentaux qu'Ormea apprécie à sa juste valeur le génie de la démocratie, ce génie consistant à transformer la folie en raison et les passions en intérêts.

C'est la capacité de la démocratie à ne pas refléter l'intensité des convictions qui fait d'Amerigo Ormea un croyant, et c'est sa mystique plutôt que sa transparence qui le convertit. Les élections sont l'occasion de prêter à chaque citoyen une voix, mais à la condition de ne pas représenter l'intensité de leurs croyances. C'est cette mystique de la démocratie qui est aujourd'hui menacée dans un monde où la « distanciation sociale » a été intériorisée, largement acceptée comme le comportement responsable à adopter. Amerigo Ormea aurait-il été si convaincu par la démocratie si les gens n'avaient été en mesure de voter que par correspondance ? La possibilité que le Covid-19 vide les rues plusieurs années durant – plutôt que plusieurs mois – constitue le danger le plus grave pour les démocraties libérales européennes. À en croire Bill Gates, le plus probable est que, dans les années à venir, « les gens pourront sortir, mais pas aussi souvent qu'auparavant et pas dans des endroits bondés. Imaginez des restaurants avec une table vide entre deux occupées et des avions de ligne avec un siège vide entre deux occupés[1] ».

Dans une démocratie, les citoyens ont besoin d'être en mesure de voter, les hommes et femmes politiques en mesure de délibérer, et les gens en mesure de se déplacer, de se rencontrer et d'agir collectivement. Il est donc d'une importance décisive qu'ils aient la possibilité de faire partie d'une foule, d'un corps collectif qui puisse donner expression à l'intensité de leur passion politique ; les réunions électorales et les manifestations de masse confèrent aux citoyens un sentiment d'appartenance qu'une participation à des élections ne saurait fournir.

La politique démocratique du XXe siècle fut animée par la puissance des foules. « Personne ne pouvait éviter de les voir dans les rues ou sur les places », écrivait l'essayiste allemand Siegfried Kracauer en rappelant ce qu'elles avaient été au lendemain de la Première Guerre mondiale : « Les masses étaient plus

1. « Bill Gates' brutal reality check on the coronavirus reopening », Axios, 24 avril 2020.

qu'un facteur social de poids ; elles étaient aussi tangibles que n'importe quel individu[1]. » Certains théoriciens de la démocratie craignaient les masses au motif qu'elles pouvaient basculer dans la « folie » et être mobilisées par des dirigeants autocrates, mais ils se montraient aussi conscients de l'importance de « la rue » et de la nécessité d'y faire de la politique pour que la démocratie fonctionne correctement. C'est la possibilité que les foules puissent refléter l'intensité des passions politiques qui réconcilie de nombreux militants politiques avec la démocratie. Revenant sur sa participation à la célèbre manifestation de masse organisée le 15 juillet 1927 à Vienne par les sociaux-démocrates, l'écrivain Elias Canetti reconnaissait ceci : « C'est ce que j'ai vécu de plus proche d'une révolution. Des centaines de pages ne suffiraient pas pour décrire tout ce que j'y vis. Depuis, je sais qu'il ne me serait pas nécessaire de lire un

1. Siegfried Kracauer, *De Caligari à Hitler*, trad. Claude B. Levenson, L'Âge d'Homme, 1973 et 2009, p. 57.

mot sur ce qu'il s'est passé lors de la prise de la Bastille[1]. »

Ces dix dernières années, ceux que l'éditorialiste américain Thomas Friedman appelle « *the square people*[2] », les gens des places publiques, ont été constamment présents dans la politique mondiale. Plus de 90 pays dans le monde ont été les théâtres de protestations de masse majeures. Des millions de personnes en sont venues à organiser des actions conséquentes et prolongées, en court-circuitant les partis politiques, en montrant une profonde méfiance envers les grands médias, en ne désignant que rarement des leaders, préférant opter le plus souvent pour une organisation informelle. Les « gilets jaunes » en France et le mouvement Extinction Rebellion sont deux manifestations de ce même phénomène. L'activisme en ligne

---

1. Elias Canetti, *La Conscience des mots*, trad. Roger Lewinter, Albin Michel, 1984, p. 280. Ce jour-là, les manifestants incendièrent le Palais de justice de la ville et la police fit feu, tuant 90 personnes. (*N.d.T.*)

2. Thomas L. Friedman, « The Square People », *New York Times*, 13 mai 2014.

se montre souvent incapable de conférer une signification à l'action et d'instiller un sentiment d'appartenance à un même mouvement – signification et sentiment d'appartenance qui sont les traits distinctifs de la politique pratiquée dans « la rue » –, et cet activisme en ligne a souvent recours, en lieu et place, à ce pauvre ersatz qu'est le « clicktivisme ».

Le Covid-19 menace cet élément essentiel de la politique démocratique : la démocratie ne peut fonctionner si les gens doivent rester chez eux. Benedict Evans, un spécialiste des nouvelles technologies, a récemment déclaré : « Nous sommes désormais tous connectés et – chose tout aussi importante – nous entendons tous utiliser la Toile pour n'importe quel aspect de nos existences, à la condition de créer une bonne expérience et d'élaborer le bon modèle économique. Aujourd'hui, tout un chacun fait ce qu'il veut faire en ligne[1]. » Peut-être a-t-il raison, mais je suis convaincu que la démocratie ne peut survivre en l'absence des « *square*

1. Benedict Evans, « Covid and forced experiments », ben-evans.com, 13 avril 2020.

people » dont parle Friedman, de ces gens des places publiques ; et, chose non moins importante, que la disparition de ces personnes pourrait signifier aux yeux de beaucoup la fin de la démocratie. Je ne peux concevoir des démocraties capables de survivre s'il devient impossible de se réunir à plus de cinquante personnes. Si les foules en colère, en mesure d'exprimer librement leur mécontentement et leurs exigences, devaient disparaître des rues des métropoles occidentales, la distinction entre la démocratie libérale et ses « contrefaçons » toxiques se verrait brouillée.

S'encapaciter en comparant

Faire ce que d'autres font peut vous sauver la vie. En 2015, des militants du mouvement Al-Shabaab prirent d'assaut l'université de Garissa, au Kenya, et ses étudiants en otages. Seuls ceux qui purent leur démontrer qu'ils étaient musulmans en récitant des versets du Coran furent épargnés ; tous les autres furent froidement exécutés. Une étudiante de confession chrétienne, voyant comment ils procédaient, parvint à mémoriser en toute hâte les versets en question. Comme l'avance Michelle Baddeley dans son ouvrage *Copycats and Contrarians*, cette jeune femme « sauva sa vie à travers une forme d'apprentissage social, en observant les choix effectués par les autres ainsi que les conséquences qu'ils pouvaient avoir[1] ».

C'est une telle logique de copiage qui explique le caractère profondément paradoxal de la réaction mondiale à l'irruption du coronavirus. La crise sanitaire a obligé les sociétés à battre en retraite, à se replier sur un « nationalisme du "chacun chez soi" » plutôt que de tenter de concevoir un mode de coopération plus classique. Malgré cela, les gouvernements ont tous eu recours, avec la même précipitation, au même ensemble de mesures destinées à stopper la transmission du virus – alors que les traditions sociales, les régimes politiques et les

1. Michelle Baddeley, *Copycats and Contrarians*, Yale University Press, 2018, p. 6.

systèmes de santé publics divergent significativement d'un État à l'autre.

Pourquoi des gouvernements si différents les uns des autres ont-ils adopté des approches politiques similaires ? Distinguer les « politiques de l'incertitude » des « politiques du risque » pourrait aider à répondre à cette question. Nous devons cette distinction à l'économiste Frank Knight, qui l'avait opérée dans un ouvrage ayant fait date, publié en 1921, *Risk, Uncertainty and Profit*[1]. Knight y montrait que, si l'on ne peut connaître l'avenir, le risque, lui, est mesurable et que les événements passés peuvent être l'objet d'évaluations au moyen de données empiriques. L'incertitude, au contraire, a trait à des résultats qui ne peuvent être prédits ou que nous ne sommes pas en mesure de prédire.

La pandémie de Covid-19 est typiquement un moment d'incertitude. Aux premiers stades de la crise, alors qu'il était impossible de mener des analyses à grande échelle, les gouvernements n'étaient pas en mesure d'évaluer les coûts et

1. Frank H. Knight, *Risk, Uncertainty and Profit*, The Riverside Press, 1921.

avantages des politiques fondées sur la distanciation sociale et la mise à l'arrêt brutale de leurs économies respectives. La manière de procéder la plus responsable consistait à deviner quelle option aboutirait au pire résultat et à adopter la position susceptible de limiter au maximum les risques. Les gouvernements sont habitués à maîtriser les risques, mais gérer l'incertitude est une chose très différente.

Dans les situations où règne l'incertitude, les gouvernements doivent être prêts à prendre des mesures extraordinaires, y compris lorsqu'ils ne sont pas certains de leurs résultats. Dans le même temps, ils veulent éviter des initiatives qui pourraient plus tard être remises en question par des citoyens au fait des mesures mises en œuvre ailleurs. Agir comme les autres devient alors d'une importance cruciale, car cela permet de rassurer l'opinion publique, de lui montrer que la situation est sous contrôle. Dans le cas de la pandémie de Covid-19, cela a consisté à persuader les citoyens de la nécessité de rester chez eux, de porter des masques, de fermer les commerces et les entreprises et de consentir à toutes les autres mesures mises en œuvre.

Que se serait-il passé si la moitié des pays du monde avait opté pour le confinement tandis que l'autre moitié, suivant l'exemple de la Suède, avait écarté des mesures d'une telle sévérité ? La pression politique visant à changer de stratégie aurait été presque insupportable, quel que fût le « camp ». Si certains gouvernements démocratiques avaient instauré un état d'urgence et d'autres non, en dépit d'un nombre de victimes comparable, des décisions aussi divergentes auraient pu provoquer un effondrement de la confiance des populations. On voit aisément pourquoi les gouvernements ont choisi de copier les politiques adoptées par les pays qui avaient été frappés les premiers par la pandémie, même s'ils n'étaient pas absolument convaincus qu'il s'agissait là de la meilleure approche.

En ce sens, le fait d'adopter des politiques gouvernementales calquées sur celles des autres diffère fondamentalement du comportement adopté par l'étudiante kenyane évoquée plus haut. Si les gouvernements choisissent d'imiter les autres, ce n'est pas parce qu'ils ont constaté que leurs mesures étaient efficaces, mais parce qu'ils n'ont aucune idée de ce qui pourrait fonctionner.

Bien que l'adoption de stratégies similaires ait aidé les gouvernements à se soustraire à une telle pression, leurs initiatives ont, avec le temps, fait l'objet de toujours plus de comparaisons. C'est le cas de toute situation politique, mais les citoyens évaluent ordinairement les performances d'un gouvernement en les comparant à celles des précédents gouvernements ou aux promesses de l'opposition. Le Covid-19 a instauré un type de comparaison différent : les citoyens se sont en effet mis à comparer les performances de leur gouvernement à celles des gouvernements étrangers, et en temps réel. L'opinion publique tient à savoir pourquoi l'Allemagne teste ses citoyens de façon bien plus volontariste que la France, pourquoi plus de gens meurent au Royaume-Uni qu'en Autriche, et pourquoi certains gouvernements envisagent de dépenser beaucoup plus que d'autres pour dédommager la population et soutenir l'économie. Le Covid-19 a transformé le débat politique dans la mesure où la seule chose qui importe est la réponse apportée par les gouvernements aux enjeux sanitaires et économiques soulevés par la pandémie. Le Covid-19 fait croire que la performance d'un gouvernement peut être mesurée de façon objective – c'est une illusion –, et les décisions gouvernementales sont plus dictées par les comparaisons entre stratégies nationales que par les critiques de l'opposition. Par exemple, c'est le fait que l'Autriche ait décidé d'assouplir les mesures prises au début de la crise qui a mis un terme au consensus qui, jusqu'alors, régnait en Allemagne quant à la gestion de la pandémie.

Le fait que la plupart des gouvernements aient décidé d'imposer un confinement généralisé ainsi qu'un état d'urgence sanitaire explique pourquoi les populations, partout dans le monde, se sont montrées disposées à accepter les atteintes portées à leurs libertés dans le cadre de la lutte contre le virus. Mais le caractère hégémonique de cette approche commune a aussi une conséquence : lorsque certains gouvernements décideront de suspendre les restrictions, ceux qui décideront au contraire de les prolonger se retrouveront sous le feu des critiques. L'un des paradoxes de la crise provoquée par le Covid-19 est qu'elle a conféré aux gouvernements des pouvoirs extraordinaires, mais qu'elle en a aussi conféré aux citoyens en leur permettant de juger des performances de leurs gouvernements respectifs en les comparant avec celles des autres.

Durant la pandémie, l'efficacité des décisions politiques de chaque gouvernement dépendait du soutien actif que leur apportaient leurs populations respectives. Tout individu qui décide de ne pas respecter la politique de « distanciation sociale » empêche le gouvernement d'atteindre ses objectifs, ou du moins lui complique la tâche ; en ce sens, un état d'urgence sanitaire vient restreindre les droits des citoyens, mais, de façon paradoxale, leur confère plus de pouvoir.

L'encapacitation que permet la comparaison s'arrête cependant au moment où commence le déconfinement et où les considérations économiques prennent le pas sur celles relevant de la santé publique. Devrions-nous plus nous intéresser au nombre de personnes nouvellement infectées ou au nombre de personnes se retrouvant au chômage ? Ou encore aux sommes débloquées par l'État afin de soutenir l'économie ?

C'est à ce stade précis que le citoyen qui, au début de la pandémie, avait pu s'encapaciter en comparant les performances de son gouvernement avec celles des autres, perd tout repère et, par conséquent, cette faculté. C'est à ce moment-là que la peur, qui avait jusqu'alors dominé dans la société, laisse place à la colère.

Carl Schmitt cul par-dessus tête

À la fin du XVIIIe siècle, le philosophe et théoricien de la société anglais Jeremy Bentham conçut une forme institutionnelle qu'il baptisa le « panopticon ». Le dispositif en question devait permettre à un gardien d'observer la totalité des personnes accueillies par une institution – prison, école, hôpital… – sans que celles-ci aient même conscience d'être surveillées. Ce projet ne tarda pas à devenir un symbole de notre manière moderne de concevoir l'usage du pouvoir de contrôler des individus ou des groupes dangereux. On sait qu'au XIXe siècle, l'anarchiste et homme politique Pierre-Joseph Proudhon déclara qu'« être gouverné, c'est être gardé à vue, inspecté, espionné, dirigé, légiféré, réglementé, parqué, endoctriné, prêché, contrôlé, estimé, apprécié, censuré, commandé[1] ». Beaucoup seront d'accord pour dire que bien peu de choses ont changé depuis l'époque de Proudhon, si ce n'est les moyens technologiques.

Dans les moments de crise, l'idée du panopticon reprend du poil de la bête. Beaucoup craignent désormais que les États, afin de mieux lutter contre la pandémie de Covid-19, imposent une surveillance sanitaire n'ayant pas grand-chose à envier au projet benthamien. À ceci près que si la logique du panopticon originel demandait aux personnes de se livrer corps et âme au gouvernement en échange de sa protection, l'État promet désormais de recourir à une surveillance sanitaire publique afin de protéger ses citoyens d'eux-mêmes.

Le 26 février 2020, alors que la gravité de la pandémie dans son pays n'était pas encore chose avérée, le philosophe italien Giorgio

1. Pierre-Joseph Proudhon, *Idée générale de la Révolution au XIXe siècle*, Garnier Frères, 1851, p. 341.

Agamben écrivit une tribune qui allait susciter une controverse, dans laquelle il affirmait que les mesures d'urgence imposées par le gouvernement italien étaient parfaitement disproportionnées : « Tout d'abord, on constate une fois de plus une tendance croissante à utiliser l'état d'exception comme paradigme normal de gouvernement[1]. » Pour Agamben, comme pour d'autres, la réaction des gouvernements au Covid-19 a révélé avec éclat l'« instinct tyrannique » des gouvernements libéraux ; la pandémie n'aurait été qu'un prétexte pour imposer de nouvelles mesures d'urgence comparables à celles qui avaient déjà été instaurées durant la « guerre contre la terreur ». À l'instar de ces personnes qui, troublées par la fermeture des frontières européennes, ont tendance à per-

1. Giorgio Agamben, « Lo stato d'eccezione provocato da un'emergenza immotivata », *Il Manifesto*, 26 février 2020. Une traduction française de ce texte, intitulée « Coronavirus et état d'exception », peut être lue sur le site acta.zone. À la suite de cette première intervention, Giorgio Agamben a précisé sa position, notamment dans un texte intitulé « Éclaircissements », publié sur le site de *L'Obs* le 27 avril suivant. (*N.d.T.*)

cevoir la crise sanitaire comme une réédition de la crise migratoire, de nombreux militants défendant les libertés publiques craignent que les pratiques de surveillance étatiques survivent au virus. À leurs yeux, un « état d'exception » n'est rien moins qu'un clou enfoncé dans le cercueil de la démocratie.

Assimiler la surveillance entraînée par la pandémie au retour de la très controversée « guerre contre la terreur » a-t-il un sens ? Le fait que des atteintes portées aux libertés publiques par temps de pandémie soient « normalisées » est-il aussi destructeur pour la démocratie que la normalisation de la torture défendue par le gouvernement de George W. Bush junior tout au long des années qui suivirent les attaques du 11-Septembre ?

Les gouvernements sont en partie responsables du zèle de leurs détracteurs, et le recours à la rhétorique militariste contribue évidemment à ce que la restriction actuelle des libertés soit plus ou moins mise en parallèle avec les lendemains du 11-Septembre. Or, en faisant de la lutte contre le virus un combat comparable à une guerre contre les terroristes, en faisant du virus comme des terroristes des « ennemis invisibles », les libéraux risquent fort de tomber dans le « piège libertaire ». Les libertés individuelles ne sont jamais une valeur absolue et devraient toujours être « soupesées » en regard de l'intérêt général. Ceux qui critiquaient la « guerre contre la terreur » de Bush avaient raison d'affirmer que l'État ne devrait jamais, en aucun cas, normaliser la torture. Cette pratique piétine la dignité individuelle et s'avère par ailleurs inefficace, comme l'expérience l'a montré, puisqu'elle aboutit fréquemment à des confessions n'entretenant aucun rapport avec la vérité. Comme l'ont avancé certains critiques de la politique de Bush, si des agents gouvernementaux devaient être contraints de recourir à la torture – comme dans le tristement célèbre « scénario de la bombe à retardement[1] » –, de tels actes ne devraient être

1. Un scénario qui peut être résumé ainsi : supposons qu'une personne ayant connaissance de l'imminence d'une attaque terroriste destinée à faire de nombreux morts se retrouve entre les mains des autorités et que cette personne ne dévoile des informations susceptibles

commis qu'en tant qu'actes de désobéissance civile.

Cependant, la surveillance antiterroriste et les applications destinées à traquer le virus ne sauraient être confondues. L'expérience montre que le fait de retrouver la trace des personnes ayant été en contact avec des malades aide les gouvernements à contenir l'épidémie et les autorités médicales à étudier la maladie et à abréger le délai nécessaire à l'élaboration d'un vaccin. La surveillance à laquelle ont recours les gouvernements dans le cadre de la lutte contre le Covid-19 n'est pas occulte : les gens savent que les autorités s'efforcent de retracer leurs contacts. Et le fait de refuser cette possibilité au gouvernement peut entraîner indirectement la mort d'un autre être humain.

En résumé, la défense libérale des droits dans le contexte de la « guerre contre la terreur » n'est pas directement transposable dans le contexte de l'actuelle pandémie. Les gouvernements démocratiques n'ont pas seulement

---

d'empêcher l'attaque qu'à la condition d'être torturée. Devrait-elle l'être ?

tendance à surréagir en face d'une épidémie : certains pourraient aussi être tentés de chercher à minimiser la menace du coronavirus pour des raisons économiques, qui pourraient s'avérer fatales pour la démocratie. Faut-il admirer les militants défendant les libertés publiques qui poursuivent en justice les gouvernements qui obligent leurs citoyens à porter des masques et qui, pour ce faire, ont recours dans leur argumentaire juridique à la législation anti-burqa ? Ou devrions-nous plutôt les encourager à intenter des procès aux gouvernements qui forcent leurs citoyens à porter des masques sans pour autant leur en fournir suffisamment ?

Dans *Fear Itself*[1], le politologue américain Ira Katznelson avançait que Franklin Roosevelt était parvenu à sauver la démocratie libérale en Amérique non pas en résistant à la tentation de prendre des mesures exceptionnelles, mais plutôt en démontrant l'efficacité de la démocratie à une époque d'incertitude et de peur. La stratégie de Roosevelt consista à contrecarrer

1. Ira Katznelson, *Fear Itself: The New Deal and the Origins of Our Time*, Liveright, 2014, p. 32.

la logique d'un Carl Schmitt et à démontrer que les démocraties libérales, « avec leurs partis indisciplinés, leurs Parlements et leur polarisation, pouvaient inventer des solutions et faire leur chemin sans renier leurs convictions fondamentales et leurs manières de faire ».

Pour Katznelson, ce qui distingue la démocratie de la dictature n'est pas le fait que la démocratie s'opposerait à l'« état d'exception », mais qu'elle ne le décide que pour se protéger – et pour cette seule raison. La dictature y a recours, elle, pour se tirer à bon compte, et durablement, d'un mauvais pas. Mais pour que la démocratie adopte des mesures exceptionnelles tout en restant fidèle à sa nature libérale, il lui faut distinguer entre les initiatives temporaires et une politique permanente. Les acteurs démocratiques doivent exiger que les lois d'urgence soient temporaires et soumises, afin d'être renouvelées, à une procédure formelle très spécifique. C'est ce principe que Viktor Orbán a décidé de totalement et maladroitement bafouer.

En outre, ni les dirigeants, à titre individuel, ni les institutions ne devraient être à l'abri des critiques. Quant aux politiques d'exception, elles ne sauraient aboutir à des décisions occultes et ne respectant pas les principes démocratiques. Au contraire, chaque pouvoir – le judiciaire, le législatif et l'exécutif lui-même – doit être en mesure de partager l'information et d'en juger en temps réel. Les gouvernements peuvent court-circuiter les Parlements lorsque les circonstances l'exigent, mais ils ne doivent en aucun cas les écarter.

Enfin, il importe de se ménager des possibilités d'évaluation rétrospective. Un processus d'évaluation, accompagné de sanctions lorsque des normes libérales ont été bafouées, est particulièrement précieux pour des régimes politiques fermement attachés à la délibération démocratique et à l'idée de choix collectif[1].

Les démocraties libérales sortiront renforcées de la crise si elles parviennent à la gérer effi-

1. Ewa Atanasow et Ira Katznelson, « Governing Exigencies: On Liberal Democracy and National Security » in *The Governance Report 2017*, Hertie School of Governance, Oxford University Press, 2017, p. 95-110.

cacement. Si l'imposition d'un état d'urgence sanitaire n'est en rien le symptôme d'une crise de la démocratie, elle apporte néanmoins de l'eau au moulin non seulement des libertaires (qui s'opposent à toute restriction des libertés individuelles), mais aussi des souverainistes (qui plaident en faveur d'un rôle renforcé de l'État). Un tel débat ne peut que marginaliser les libéraux.

Conclusion

> « L'homme est la seule machine à voyager dans le temps qu'on connaît. »
>
> Georgi Gospodinov, *Time Shelter*

Dans le roman *L'Aveuglement*, de José Saramago, un homme perd soudain la vue, de même que le médecin qui l'examine et un voleur qui lui subtilise sa voiture[1]. Craignant que la « maladie blanche » ne se propage, le gouvernement adopte des mesures draconiennes afin de stopper la pandémie. Tous ceux qui sont déjà aveugles ainsi que ceux avec lesquels ils sont

1. José Saramago, *L'Aveuglement*, trad. Geneviève Leibrich, Seuil, 1997, nouvelle éd. « Points », 2020.

entrés en contact sont rassemblés et conduits dans un ancien asile psychiatrique, à la périphérie de la ville. Toute personne qui tente de quitter l'hôpital s'expose au risque d'être abattue par des patrouilles militaires – des soldats d'ailleurs pétrifiés à l'idée de perdre eux aussi la vue. Dans ces conditions, l'asile finit par ressembler bien plus à un camp de concentration qu'à un hôpital.

Dans les dernières pages du roman, l'épidémie finit par se calmer, aussi soudainement qu'elle s'était déclarée, laissant les gens se demander pourquoi ils étaient devenus aveugles. « Je pense que nous ne sommes pas devenus aveugles, je pense que nous étions aveugles, des aveugles qui voient », en conclut l'un des personnages. « Des aveugles qui, voyant, ne voient pas[1]. » La cécité est un trait caractéristique de toute épidémie ; nous nous sentons aveugles parce que nous n'avons pas vu venir la pandémie et parce que nous ne comprenons pas ce qui se passe autour de nous. Saramago ne croit pas que les épidémies transforment la société ; selon lui,

1. *Ibid.*, p. 216.

elles nous aident à voir la vérité de nos sociétés. S'il est dans le vrai, il est alors important que nous comprenions ce à quoi nous avons assisté tandis que nous étions enfermés chez nous.

J'ai commencé à réfléchir à l'impact du Covid-19 en esquissant sept leçons à tirer de la pandémie et en tentant de les articuler ensemble ; une fois le confinement terminé, je constate que j'ai reconceptualisé ces sept leçons en sept paradoxes.

Le premier paradoxe du Covid-19 est qu'il expose au grand jour la face sombre de la mondialisation, mais qu'il agit aussi comme un vecteur de mondialisation. Le virus se révèle le plus dévastateur dans les zones qui, pour citer l'historien britannique Frank Snowden, « sont densément peuplées et reliées entre elles par un transport aérien rapide, par des mouvements de touristes, de réfugiés, d'hommes d'affaires de toutes sortes, par toutes sortes de réseaux s'emboîtant les uns aux autres[1] ». Dans le même temps, le virus est lui-même un vecteur de

1. Cité in Jason Willick, « How Epidemics Change Civilizations », *Wall Street Journal*, 27 mars 2020.

mondialisation. Il a synchronisé le monde et nous a réunis comme aucune autre crise n'avait pu le faire jusqu'alors. Au moins pendant un certain temps, nous avons vécu dans un monde commun.

Le deuxième paradoxe du Covid-19 est qu'il a accéléré la tendance à la démondialisation qui avait été enclenchée par la Grande Récession des années 2008-2009 tout en révélant dans le même temps les limites de la renationalisation. Dans le monde de l'après-Covid, écrit Gideon Rachman, « il est difficile de croire que les grands pays développés continueront d'accepter une situation qui leur impose d'importer l'essentiel de leurs fournitures médicales de première nécessité[1] ».

Alors que, dans les années 1990, les chaînes d'approvisionnement très performantes représentaient, au moins dans l'imaginaire collectif, la mondialisation à son acmé, c'est aujourd'hui l'image d'un État fort, capable de stocker l'ensemble des ressources dont une population a

---

1. Gideon Rachman, « Nationalism is a Side Effect of Coronavirus », *Financial Times*, 23 mars 2020.

besoin en temps de crise, qui séduit l'opinion publique. Cela dit, de toutes les crises menaçant l'humanité, celle du Covid-19 pourrait être aussi la plus propice à la mondialisation dans la mesure où elle fournit la preuve éclatante de l'importance de la coopération internationale. Contrairement aux guerres, les pandémies ne poussent pas les nations à se mesurer aux autres. Au contraire des grandes migrations, elles ne sont pas la cause d'un regain violent de nationalisme. Et à la différence des tremblements de terre ou des tsunamis, les pandémies sont d'ampleur mondiale. Une épidémie est une crise sanitaire qui permet à l'humanité de faire l'expérience de l'interdépendance et de la solidarité. L'humanité, dans ces circonstances, place ses espoirs dans la science et la rationalité. Et, plus que la pandémie elle-même, c'est l'échec des dirigeants politiques à travers le monde à mettre sur pied une réponse collective à la crise qui me rend pessimiste quant à notre avenir.

Le troisième paradoxe du Covid-19, c'est que la peur du virus aux premiers stades de la pandémie a été à l'origine d'un sentiment d'unité nationale que de nombreuses sociétés n'avaient pas connu depuis des années, mais qu'elle aggravera à terme les divisions sociales et politiques existantes. Cependant, le temps passant, la pandémie ne fera pas qu'intensifier les divisions politiques, économiques et sociales, qui se faisaient déjà sentir dans toutes les sociétés : le temps fera aussi de la pandémie une ligne dans le sable. Et plus la peur du Covid-19 refluera, moins nous reconnaîtrons que la menace était réelle. Les pays qui ont été soit les plus efficaces dans la lutte contre le virus, soit les moins touchés seront aussi ceux dont les opinions publiques se montreront les plus promptes à critiquer les politiques axées sur le confinement imposées par leurs gouvernements.

Le quatrième paradoxe du Covid-19 est que ce virus a mis la démocratie à l'arrêt, au moins en Europe – de nombreux pays européens ayant décrété un état d'urgence sanitaire –, mais que, ce faisant, il a limité le désir d'autoritarisme. Une conséquence de ce « gel » des droits civiques et des libertés publiques sera un rejet, plutôt qu'une adhésion, de l'autoritarisme. Aux premiers stades de la crise, les populations ont accordé bien volontiers des pouvoirs extraordinaires à leurs gouvernements, mais elles sont devenues toujours moins indulgentes à leur égard lorsque les considérations économiques en sont venues à supplanter les considérations de santé publique. Ce fléau qu'est le Covid-19 est d'une nature changeante : le désastre sanitaire se transformant en désastre économique, il est incroyablement difficile de prédire les conséquences politiques de la crise.

Cinquième paradoxe du Covid-19, alors que l'Union européenne a brillé par son absence au commencement de la crise, la pandémie pourrait menacer son avenir comme aucune autre crise ne l'avait fait jusqu'alors dans son histoire. L'Union européenne ne risque pas simplement la désintégration territoriale, comme cela fut le cas avec le Brexit : elle risque de verser dans le fossé de l'inutilité.

Le sixième paradoxe du Covid-19 est qu'il a certes fait ressurgir les fantômes des trois grandes crises ayant ébranlé l'Europe ces dix dernières années – la guerre contre la terreur, la crise migratoire et la crise financière mondiale –, mais sans que les scénarios antérieurs se reproduisent (ils semblent même s'inverser). La crise financière mondiale avait eu pour conséquence une réticence très nette à la mutualisation des dettes et à l'assouplissement des contraintes budgétaires pesant sur les États. C'est désormais le contraire qui se produit. La guerre contre la terreur n'avait pas poussé les Européens à transiger sur leurs libertés publiques au nom de la sécurité. Là encore, il semble que les choses en aillent dorénavant autrement. Quant à la crise migratoire, elle avait abouti à un consensus tacite : il semblait inenvisageable de fermer les frontières intérieures de l'Europe, notamment parce que les citoyens d'Europe de l'Est en auraient considérablement pâti. La crise sanitaire vient démontrer que les frontières pouvaient et pourraient être fermées, au moins pour un temps, et que si tel devait être le cas, ce serait l'Europe occidentale qui en pâtirait cette fois aussi. Les vols charters organisés au pic de la pandémie afin d'acheminer en France, en Allemagne et au Royaume-Uni des travailleurs saisonniers d'Europe de l'Est ont spectaculairement modifié les coordonnées des débats sur le sujet[1].

Dernier paradoxe, alors que l'Union européenne s'envisage comme l'avocate ultime de l'ouverture et de l'interdépendance, il est fort possible que ce soit la pression de la démondialisation qui, à l'avenir, pousse les Européens à adopter plus de politiques communes et même à déléguer à Bruxelles certaines prérogatives d'urgence.

Au sein de l'Union européenne, la santé publique a toujours été du ressort des États membres et de leurs gouvernements respectifs. Lorsque des Italiens et des Espagnols mourraient par centaines tous les jours, Bruxelles n'eut que peu de choses à proposer. L'Union européenne s'est révélée structurellement mal adaptée pour lutter contre la catastrophe en cours : elle est passée pour un acteur sans grande utilité au moment même où les populations demandaient à être protégées. Enfermés chez eux, les Européens ont soudain cessé de penser

1. Vladimir Bogoeski, « The German asparagus saga », *IPS Journal*, 1er mai 2020.

à l'Union européenne. Mais si les Italiens et les Espagnols se sont sentis trahis par l'Europe, ce sont surtout les gouvernements des autres États membres qu'ils ont montrés du doigt, plus que les institutions européennes. Dès que les gens ont entrepris de déterminer pour quelles raisons certains pays européens étaient moins touchés que d'autres par la pandémie, il en a été fini de l'idée d'une Europe commune. Personne ne s'est soucié de décompter le nombre des morts ou des malades à l'échelle européenne. Aucun gouvernement n'a appelé à l'élaboration de politiques de santé européennes ou à l'« européanisation » des données personnelles liées au Covid-19. À certains moments de cette crise, l'Union européenne n'a pu qu'évoquer les dernières décennies du Saint-Empire romain – période au cours de laquelle les populations qui vivaient sur le territoire de l'empire en vinrent même à oublier qu'elles en faisaient encore partie. Dans de nombreux pays européens, la crise sanitaire a diminué l'adhésion des citoyens à l'Union européenne, mais, dans le même temps, elle a contraint les gouvernements à réaliser qu'ils dépendaient de l'Union.

Mis en face de ce défi politique que représente le Covid-19, les dirigeants européens ont à faire un choix stratégique : se démener afin de préserver un univers mondialisé fait de frontières ouvertes, ou travailler à une version modérée de démondialisation. Le plus probable est qu'ils jouent sur les deux fronts. Bruxelles restera la principale avocate de la mondialisation tout en s'efforçant d'utiliser les pressions générées par la démondialisation pour obtenir plus de pouvoirs et défendre plus d'intégration dans certaines zones. D'une part, le Covid-19 a un caractère planétaire ; d'autre part, tout le monde s'accorde à dire qu'un nationalisme économique tel qu'il fut à l'œuvre au XIXe siècle ne représente plus une option réaliste pour les États nationaux européens petits et moyens. La combinaison de ces deux constats est propice à un nationalisme territorial reconfiguré, centré sur l'Union européenne. Le coronavirus a montré aux Européens que, s'ils veulent demeurer en sécurité, ils ne peuvent tolérer un monde dans lequel la plupart des médicaments ou des masques sont produits à l'extérieur des frontières de l'Europe. De la même façon, ils ne peuvent compter sur les entreprises chinoises pour construire un réseau 5G européen.

Tout au long de la phase la plus délicate de la crise, nous avons vu que l'intérêt strictement national l'avait emporté sur l'intérêt mutuel. Lorsque l'Italie a demandé à ses voisins des fournitures médicales d'urgence, pas un seul pays de l'Union européenne n'a répondu présent. L'Allemagne, au départ, avait interdit l'exportation de masques médicaux et autres équipements de protection. Quant à la France, elle a réquisitionné la totalité des masques que ses entreprises avaient produits. La Commission européenne se vit donc obligée d'intervenir afin de réguler les exportations d'équipements médicaux.

Mais, alors que le retour à une logique nationale était la réponse inévitable à une crise de cette ampleur, une Europe plus unie et des institutions bruxelloises investies de pouvoirs supplémentaires en cas d'urgence pourraient bien se révéler, dans un monde manquant d'un leadership américain et scindé par la rivalité sino-américaine, la seule solution réaliste lorsqu'il s'agira de se confronter à la phase suivante de la crise.

Le grand paradoxe du Covid-19, c'est que le fait d'avoir fermé les frontières entre les pays membres de l'Union et d'avoir enfermé les gens chez eux nous a tous rendus plus cosmopolites que jamais. Pour la première fois dans l'Histoire, peut-être, les gens, partout dans le monde, ont eu les mêmes conversations et partagé les mêmes peurs. En restant chez eux et en passant un nombre d'heures incalculable devant leurs ordinateurs et leurs téléviseurs, ils ont comparé ce qui leur arrivait avec ce qui arrivait aux autres partout ailleurs. Il n'est pas impossible que ce moment fort étrange ne se reproduise plus, mais nous ne pouvons nier la chose suivante : l'expérience que nous vivons nous donne le sentiment d'habiter un seul et unique monde.

La mondialisation du XXIe siècle est à l'origine de plusieurs illusions d'optique, dont l'une pousse à croire que seuls les individus mobiles sont de vrais cosmopolites et que seuls ceux se sentant chez eux partout peuvent conserver une perspective universaliste. Pourtant, la vérité est qu'Emmanuel Kant, qui incarne de façon paradigmatique la cosmopolitique, ne quitta jamais Königsberg, sa ville natale. Selon les époques, sa ville fut placée sous la coupe de différents empires ; pourtant, il préféra ne pas la quitter. Peut-être l'actuel paradoxe de la mondialisation (ou de la démondialisation) a-t-il débuté avec lui. En même temps que le Covid-19, le monde a été infecté par le virus du cosmopolitisme, alors même que le Covid poussait les États à tourner le dos à la mondialisation.

Remerciements

J'aimerais remercier José Ignacio Torreblanca, qui m'a interviewé à la mi-mars 2020 pour le site Internet ECFR et qui, ce faisant, m'a poussé à articuler mes premières réflexions désordonnées sur la crise dans laquelle nous entrions alors tout juste. C'est à mon éditrice allemande, Maria Barankow, et à mon agent littéraire, Toby Mundy, que je dois d'avoir poursuivi cet effort de réflexion. Tous deux ont su me convaincre de la pertinence de l'entreprise, qui a abouti à ce petit livre. Je les en remercie. Toby et Lenny Benardo m'ont accompagné tout au long de son écriture, une page après l'autre, donnant à mes pensées clarté et style. Je ne saurais remercier assez Yana Papazova pour son assistance. Alex Soros, Alexander Andreev, Antoinette Primatarova, Bilyana Kourtasheva, Bruce Jackson, Daniel Smilov, Dessi et Anri Kissilenko, Deyan Kiuranov et Lili Alexandrieva, Georgi Gospodinov, Ivan Vejvoda, Ludger Hagedorn, Mila Ganeva, Milla Mineva, Momchil Metodiev, Nev Andreeva, Nick Humphrey, Ralitsa Peeva, Ruzha Smilova, Stephen Holmes, Thomas Bagger, Venelin Ganev et Vessela Tcherneva ont tous contribué, chacun à leur manière, à la réflexion développée dans ces pages, qui ont grandement bénéficié de leurs commentaires et remarques. Je leur exprime toute ma gratitude. Il va de soi que les carences de ce livre sont de ma seule responsabilité.

TABLE

Achevé d'imprimer en mai 2020
sur les presses de la Nouvelle Imprimerie Laballery
58500 Clamecy
Dépôt légal : mai 2020
Numéro d'impression : 005099

Imprimé en France

La Nouvelle Imprimerie Laballery est titulaire de la marque Imprim'Vert®